東大なんか入らなきゃよかった

誰も教えてくれなかった不都合な話

池田渓

はじめに

「東大なんかに入るもんじゃないよね」

チャーハンを頬張りながら、僕と同じ東大卒の友人が言った。

僕はといえば、口に入れた餃子《ギョーザ》が思ったよりも熱かったため、慌てて冷えたビールで飲み込もうとしているところだった。

もとよりこちらの返事を期待していたわけではなかったのか、彼は独り言のように「こいつらバカだよね、東大なんかに入って」と続けた。

東京大学の本郷キャンパスからほど近い場所にある中華居酒屋・福錦《ふくにしき》。その天井近くに備え付けられた大型テレビの画面には、東大生を主役にしたバラエティー番組が映し出されていた。

どうやら友人はこれを眺めていたらしい。店から歩いて行ける距離にある「赤門」がV

ＴＲで流れ、スタジオのひな壇に並べられた若い東大生たちが明石家《あかしや》さんまにいじられて苦笑いをしている——。

テレビでは、東大と東大生を面白おかしく演出した番組がいくつも放送されている。それはトーク番組だったりクイズ番組だったりしたが、テレビをほとんど見ない僕がその存在を知るほどに、どの番組も高い視聴率をたたき出し、世間では話題となっていた。出演している現役東大生が半ばタレント化し、本を書いたり講演をしたりして、それがまた人気を博しているという話も聞いた。

僕は書籍ライターの仕事をしているが、あるとき編集者との雑談のなかで「昨日の『東大王』見ました？」なんて話題が出た。

見ていないと答えると、「売れる本を書くためには、ああいう今ヒットしているテレビも見ておかないといけないんじゃないですか？」とチクリと刺され、とっさに十くらいの反論が頭に浮かんだけれど、いつものように「そうですね」と返すにとどめるということがあった。

世間で語られる東大のイメージの多くはポジティブなものだ。


「東大は日本の『知』の最高峰」

「東大生は頭がいい」

「コンプレックスとは無縁の最強の学歴」

「みんな一流企業に就職する」ｅｔｃ．


そして、それらのイメージによって、総じて一般家庭では「東大に入れば人生の幸福が約束される」と思われている。

だから、東大は依然として日本中から志願者が集まる国内最難関大学という地位をキープしているし、書店の平台には「東大に合格する勉強法」とか「わが子を東大に入れる育て方」といった本が数多く並んでいる。

進学校や予備校も東大を志望する学生を重宝し、さまざまな誘い文句で学生たちを東大受験へと駆り立てている。

実際、かつて僕は母校の中高一貫校から、「最近、うちは医学部を志望する生徒が増えているのだが、学校経営の点ではあまり望ましいことではない。新入生の数を左右するのは東大合格者数だ。東大志望者が増えるよう、東大卒の君に講演をしてほしい」と頼まれたことがあった。

しかし、実際に東大に通っていた人間として、これらいわゆる東大の「表」のイメージには常々、大きな違和感を覚えてきた。世間で共有されている東大や東大生、東大卒業生についてのイメージと、現実のそれらはあまりにも異なっているのだ。

テレビのなかの明石家さんまは、ひな壇に並んで座っている東大生たちに向かって「自分らすごいなぁ～。ええなぁ～」とかなんとか言っていたが、とんでもない。

東大は人生の幸福を決して約束などしてくれない。

むしろ逆に、東大に入ったがゆえにつらい人生を送るはめになる。個人的な感覚では、「人生がつらくなってしまった人の方が多いのではないか？」とさえ思う。

極端な話、東大に入ってしまったがために若くして死ぬことすらある。僕たち東大に通っていた人間は、そのことをよく知っている。

東大に入っても夢がかなうとはかぎらない。逆に、東大が独自に採用している「システム」によって、小さいころからずっと抱いていた夢が無残に絶たれてしまうこともある。

東大生だからといって「頭がいい」わけではない。講義に出席すらしない学生が大勢いて、日本の大学のなかでも際だった留年率をたたき出しているのが東大だ。

「東大卒」という学歴を持っていても社会生活で有利になることは少ない。むしろ、さまざまなシーンで東大の看板は大きな負担となる。

官公庁、東証一部上場企業、外資系コンサルタント会社に就職できたところで、幸せになれるかどうかは別の話だ。東大を卒業して、その類いの職場で働く知人の多くが「仕事を辞めたい」と訴えている。

自身が経験し、また、間近で見聞きをしてきたことだから、僕たちにとっては分かり切ったことだけれど、世間の認識はそうじゃないんだよな——改めてそこまで考えたとき、東大をやたらともてはやすテレビや本とは別の角度で東大について書いてみようという気になった。

東大に対して漠然とした憧れを抱いている人たちに、「本当はそうじゃないんだよ」と伝えたい。居酒屋でたまたま目にしたテレビが図らずも本書の執筆の動機となったわけで、やはり編集者の言った「テレビを見ておかないといけないんじゃないですか？」という苦言は正しかったのだ。

「東大受験攻略本」「東大子育て本」「東大式勉強法」「東大ノート術」「東大読書術」「東大文章術」「東大式投資法」……東大をポジティブにテーマに組み込んだ本は数多くあるけれど、この本は、それらとは別の角度から東大について書いたものだ。東大と東大生、東大卒業生の表には決して出てこないネガティブなエピソード集——「裏の東大本」とでも言おうか。

本を書くにあたって取材をはじめてみると、材料は簡単に集まった。「話はしてもいいけれど、本に書くのは勘弁してほしい」と言われることもあったが、そのようなケースを除いてもエピソードには事欠かず、少々胸やけがするほどだった。

やはり多くの東大卒の人間が、東大に入ったがゆえの「生きづらさ」を感じていた。じっと耐えている人もいたし、そこから逃れようとしている人もいれば、うまく逃れた人もいた。そして、逃げる前に「壊れた」人もいた。

本書は僕自身の経験も含めて、東大の卒業生たちから聞いた話を、随時補足を入れながら淡々と綴《つづ》ったものだ。実際、東大に通っていたことのある人なら、この類いの話はごく身近で起きていたこととして納得できるだろう。

冒頭の友人との会話は、こんな言葉で締めくくられた。

「東大に入ってもキツいばっかりやで」

「まぁね。入る前に知っておきたかったよね」

東大合格を目指して勉強に励《はげ》んでいるあなた、自分の子どもはなんとしても東大に入れたいと思っているあなた、身のまわりにいる東大卒の人間のことをもっとよく知りたいと思っているあなた、東大を出たのに落ちぶれた連中を見てスカッとしたいあなた、そして、日々に生きづらさを感じている東大卒のあなた——この本が、そんなあなたの役に立ちますように。

東大なんか入らなきゃよかった

目次

第2部　東大に人生を狂わされた人たち

第3章　東大うつ

第4章 東大ハード

第7章　東大プア

第1部

あなたの知らない東大

第1章　東大生は本当にすごいの？

東大生はそこら中にいる

2014年春、インターネットのニュースサイトが「朝日新聞社に入社した新卒の東大生がゼロになった」と報じた。記事によれば、面接の学生に東大生が一人もいないことを知った同社の幹部は「ここまで……」と唇をかんだとかかんでいないとかいう話だが、従軍慰安婦誤報問題や折からの発行部数減少と絡めて朝日新聞の凋落《ちょうらく》を示すシンボリックな現象としてちょっとした話題になったものだ。本書に興味を抱かれたあなたであれば、記憶されているかもしれない。

リベラルメディアの凋落あるいはエリート学生の保守化といった文脈はさておき、この国における「東大の存在感」という観点からすると、こういう現象がそこそこのニュースバリューをもって受け止められることは、とても興味深い。

新聞社というインテリ中のインテリ稼業であるからなおさらという面はあるが、「毎年東大生を採用できる」ことを一流企業の証《あか》しと捉える人は多いということになる。

ところで、東大生の希少さがどの程度のものなのか、あなたはご存じだろうか。親戚知人や有名人で東大卒と言われている人の顔を思い浮かべてみると、１００人に１人はいそうな気もするが、これだけ世間で有り難がられているところをみると１０００人に１人、１万人に１人でもそうと言われれば、そんなものかなという気もするだろう。

実際に数字を見てみよう。

総務省統計局の発表によれば、２０１９年の新成人は１２５万人。かりにこれを一学年の総数とすれば、同年の東京大学の合格者数が３０８４人（うち女子５３８人）であるから、単純に割り算をすると約４０５人に１人である。

いかがだろうか。もちろんみながみな東京大学を目指して勉強しているわけではないし、近年の受験生の医学部志向などを考えると必ずしも成績が優秀なものから順に東大に合格するわけではないが、ザックリと人口の上位０・25パーセントの成績優秀者が彼らといえるだろう。

他の大学との比較でいえば、慶應義塾大学が約6500人、早稲田大学が約9500人、京都大学が約3000人、北海道大学が約2500人である。明治大学の約7500人や中央大学の約6300人といったマンモス校とは比べるべくもないが、国公立大学としては最大級、私立を含めてもそこそこの上位に入る規模である。

毎年一定数が生まれる他の分野のエリートと比較してみても、甲子園の出場者が春夏合わせて1458人（夏49校×18人、春32校×18人）、司法試験の合格者数が約1500人、医師国家試験の合格者が約9000人である。もちろん狭き門にはちがいないが、東大生がそれほど希少、特殊な集団でないことはお分かりいただけるのではないか。

彼らの就業先の多くは東京に本社機能を持つ大企業や都市部に集中する専門職であるから、東京のオフィス街である大手町や西新宿あたりで石を投げていれば「肩が温まるころには東大卒に当たる」といってもあながち間違いではないはずだ。

とはいえ、朝日新聞社にかぎらず特定の会社が東大卒を採用するのが簡単かといえば、それはまた別の話だ。

毎年労働市場に供給される新卒の東大生は約3000人いるが、世の中には東証一部上場だけでも約2000社の企業がある。国家公務員や士業（弁護士・公認会計士・行政書士など）を志す東大生が相当数いることを考えると、誰もが知っている企業、各業界で大手といわれる企業、安定あるいは高待遇で人気とされる企業は数あれど、毎年のように東大生を採用できるようなところは、やはりごく一部といえる。

東大入試の倍率はしょせん３倍

東大に入るのに特別な知能やセンスは必要としない――こんなことを書くと「お前は自身が東大を出ているからそんな嫌みを言うのだ」などと非難されるかもしれないが、紛れもない事実だ。

繰り返すが、毎年、甲子園に出場する高校球児よりも東大合格者の方がよっぽど数が多いのだ。東大に合格するための受験勉強はそれなりの労力を要するが、その厳しさは血へドを吐くほどではない、というのが実際のところである。

個別の科目についての詳細は赤本なり青本なりの専門書に譲るが、東大入試で身につけておかねばならない知識はそれほど高度なものではない。

意外かもしれないが、東大入試で問われるのは、「標準的な教科書に書いてあるレベルの知識」である。たいていの教科書には章末にその章で学んだ知識を確認するための練習問題が載っているが、あのレベルのものを想像してもらえばいい。

まれに応用力が問われる先進的な問題が出題されることもあるが、その手の問題は得点できなくても、大半を占める教科書レベルの知識で解ける問題（そのような問題は東大受験生かいわいで「良問」と呼ばれる。逆に、教科書の知識だけでは解答の難しいハイレベルな問題は「悪問」となる）だけを確実に得点していけば、それで合格最低点はクリアできる。

東大入試は、文科一類（文一）、文科二類（文二）、文科三類（文三）、理科一類（理一）、理科二類（理二）、理科三類（理三）という6つの類に分かれている。そして、全体で6割ちょっと得点できれば、理科三類以外の科類なら合格できてしまうのである。

合否は合計得点によって決まるので、一科目くらい苦手な科目があってもいい。逆に7割くらい得点できる得意科目が一つあると有利になるし、二つ以上あれば大きなアドバンテージになる。

具体的な数字を見てみると、例えば2019年の東大入試の合格最低点は、センター試験（900点満点を110点に換算する）と二次試験（配点440点）を合計して550点満点のところ、文一は352点（得点率64パーセント）、文二は358点（得点率65・1パーセント）、文三は343点（得点率62・4パーセント）、理一は335点（得点率60・9パーセント）、理二は330点（得点率60・0パーセント）、理三は385点（得点率70パーセント）となっている。

どうだろうか。教科書レベルの知識で解ける問題が大半の試験で6割ちょっと得点できればいいと考えれば、高校生のあなたは「私でも受験勉強を頑張れば東大に受かりそうだな」という気がしてこないだろうか。

ただ、東大入試にはもう一つの特徴があり、それが東大入試のハードルを上げている。それは「とにかく量が多い」ということだ。

まず、単純に試験科目数が多い。

東大入試（二次試験）では、文系なら、国語、地理・歴史（世界史、日本史、地理から二科目）、数学、外国語の試験が課される。また、理系なら、国語、数学、理科（物理、化学、生物、地学から二科目）、外国語だ。

最終的に合計得点が110点まで圧縮されるセンター試験でも、文系は五教科八科目（または六教科八科目）、理系で五教科七科目が必須となっている。文系でも理科から二科目、理系でも地理・歴史・公民から一科目を受験しなくてはいけない点に注意が必要だ。

センター試験の得点そのものが合否に与える影響は小さくても、二次試験を受けるための足切り選定にも使われるので、二次試験では使わない理科や社会科目もおろそかにはできない。受験にこれだけの科目が必要となる大学は東大のほかにはそうない。

また、全科目を通じて問題数が多く、その多くが記述式であることも東大入試の特徴だ。問題用紙にたいして難しいことは書かれていないのだが、やたらと問題文が長い。問題用紙で大量の文字を読まされて、解答用紙でたくさん文字を書かされるのである。

試験時間は文系では国語150分、地理・歴史二科目合計で150分、数学100分、外国語120分、理系では国語100分、数学150分、理科二科目合計で150分、外国語120分と、解答時間は十分にあるように思われるが、分量が多いため、普通に解いていると時間切れは必至だ。

そのため、試験はさながらビデオゲームの「スピードラン」のようになる。間違っても途中でトイレに行く余裕などないので、僕は入試本番では万が一に備えて介護用のオムツをはいていった（実際にこのオムツを使うことはなかったが、いざというときはこれがあるという安心感は、試験中の精神を安定させてくれた）。

この試験を完走するためには、事前に、過去問や予備校の東大模試、予想問題などをできるかぎりこなして、「制限時間内に問題を読解し、解答を解答用紙の枠内にきっちりと書き切る」という訓練をやり込んでおかなくてはいけない。

過去問を何十年分と解くことにより、そのパターンを頭だけでなく、体にたたき込むのだ。

ちなみに、受験対策を通じて日々大量の日本語を処理していくわけで、東大受験生は自然と日本語の読解力と表現力が鍛えられることになる。

書店の平台には「東大生が書いた～」という本があまたあり、出版業界で一ジャンルを築いている。僕も学生時分、出版社から依頼されて初めて書いた本はその類いのものだった。

このような企画が成立するのは、東大が世間から注目されやすいテーマであると同時に、東大受験で文章力を鍛えられた東大生であれば、二十歳《はたち》かそこらの人生経験の少ない若者であっても、本一冊分の長い文章をさほど苦もなく書けてしまうからだろう。

話が少しそれたが、東大に合格するために必要なのは「膨大な標準問題を正確に処理する」というスキルであり、それは教科書が普通に理解できる高校生であれば、東大受験に特化した訓練（進学校や予備校の東大コースなどで行われているのがそれだ）によって身につけることができる。

今から十数年前に『ドラゴン桜』（三田紀房《みたのりふさ》、講談社）という漫画が大ヒットした。落ちこぼれ学生の受験指導を任された主人公の「東大なんて簡単だ！」という挑発的な決めゼリフを覚えている人もいるだろう。

エンタメ作品なのでもちろん誇張も入っているが、東大入試に関してあの漫画に描かれていたことはおおむね事実である。『ドラゴン桜』は、「東大に合格した人にとっては常識だが、世間的には知られていない意外な真実」を語っていたからヒットしたのだ。

東大に入るのはそれほど難しいことではない。東大入試の倍率は、しょせん3倍ほどである。

東大生のピンとキリ

「東大入試の倍率は、しょせん3倍ほど」と書きはしたが、その3倍ほどの倍率で入れる東大に優秀な人材が多いのは紛れもない事実だ。

東大卒業生の所得などに関する統計もそれを裏付けているし、入試を突破した勝者であることから、少なくとも学習能力が高い人々であるという点では異論はないだろう。

だが、その一方で、「世間知らず」「KY（空気が読めない）」「高慢」「ダサい」「モテない」「ビジネスの現場では使えない」といったイメージも根強く、ドラマや小説の類いでもステレオタイプの東大生としてしばしばそのように描かれる。

「頭脳明晰《めいせき》な成功者の集団」という表のイメージの裏で、根強いネガティブなイメージ。それらに奇妙なリアリティーを与えているのは、優秀な人材でありながらそのような側面があるという彼らの二面性ではなく、少数派だが決して少数とはいえない、いわゆる「負け組東大生」の存在だ。

東大生というものは実にピンキリだ。

これは「東大生といっても優秀な人材ばかりではない」などという至極当たり前の話ではなく、事実、彼らの能力の分散はほかの大学と比べると相当に大きい。

今の日本ほど偏差値による大学の序列が社会に浸透し、かつそれが固定化していると、進学にあたってその序列を無視した判断をする学生はほとんどいない。

ただでさえ狭い国土のなかでメジャーな大学のほとんどが東京に集中していて、各大学に強い特色があるわけでもなければ学費に差があるわけでもない環境では、早慶（早稲田大学、慶應義塾大学）に入れる学生があえてＭＡＲＣＨ（明治大学、青山学院大学、立教大学、中央大学、法政大学）を志望する理由は乏しいし、ＭＡＲＣＨに受かる学生が日東駒専（日本大学、東洋大学、駒澤大学、専修大学）に入学する理由もまたない。

持てる能力で可能なかぎりいい大学を目指すのが学生としては合理的な選択になるわけだが、「いい大学」とは、身も蓋もない話、「偏差値が高い大学」である。多くの受験生にとってはほかに明確な判断基準がないのだから仕方がない。

ところがその偏差値ヒエラルキーの頂点に位置する東大の場合、海外に出るというのでもないかぎり「さらに上」という選択肢がない。東大生には「もっといい大学に行けたのに」ということがないのだ。

別の見方をすれば、合格ラインギリギリのものから東大生の平均レベルをはるかに超える天才じみた連中までもが、いっしょくたに「東大生」というカテゴリーに押し込まれているのである。

青天井という意味では「ボクシングのヘビー級や柔道の無差別級のようなもの」といえば理解しやすいかもしれないが、ばらつき具合いからすると、「実際には集団でもなんでもないマラソン大会の上位３０００人に『東大生』というレッテルを貼って一位集団扱いしている」という表現の方が、東大生だった僕の感覚には近い。

３種類の東大生――第１のタイプ「天才型」

東大生の能力のばらつき具合いについて、もう少し詳しく説明しよう。彼らは大きく3種類に分けられる。

第1のタイプは、本当に地頭がいい「天才型」。

この人たちは、集中力と頭の回転が桁外れで、なにをやっても圧倒的にスピードが速い。世間が抱く「頭脳明晰な東大生」というイメージの元になっているのがこのタイプだ。

天才型は勉強でも仕事でも、なんでも普通の人の半分の時間で完璧にこなしてしまう。そして、余った半分の時間を、遊びを含めた自己の研さんにあてるものだから、まわりとの能力差は並大抵のことでは縮まらない。逆に、時間経過とともに差はさらに広がっていく。

このタイプは学生生活を終えた後、総合職試験を難なくパスしてキャリア官僚になったり、在学中に司法試験に合格して司法エリートになったり、研究者として海外の大学に招へいされたりするものが多い。最近では、ベンチャー企業を立ち上げるものも増えてきている。

感覚的には東大生全体の1割かそれ以下で、それほど数がいるわけではない。ただ、教養課程（東大に入学したすべての学生は、まず教養課程に入り、1・2年生時は、特定の学問領域に偏らず、社会・人文・自然を幅広く学ぶ）で理二と理三の混成クラスに所属していた僕の印象では、理三の学生には天才型が多いように思う。

東大の理三は偏差値72・5の日本最難関だ。ここに所属できる学生は一学年に100人もいない。ほぼすべての学生がやがては医学部医学科に進学するのだが、同学年の東大生3000人中のトップ100人の頭脳は、さすがに化け物じみている。

安田講堂と並び、東大の象徴とされるものに「赤門」がある。テレビ番組が東大生にインタビューをする際にカメラを回す場所として重宝されているが、この赤門とは別に東大本郷キャンパスの裏手、東京大学医学部附属病院の傍らには鉄製の小さい門があり、これをして東大医学部は「鉄門」とも呼ばれている。

理三の学生の人並外れた能力を誇ってか、「赤門だけなら犬でも通る。通ってみなよ、鉄の門」とは、能《よ》く言ったものだ。

さて、あくまで傾向としての話であるが、東大生は総じて育ちがいい。とりわけ天才型においてはそうだ。

「天の下に人は平等」という教育を受ける日本人にとって、生まれと育ちによって知能が変わってくるということは心情的には認めにくいことかもしれない。しかし、現実として、知能は親から子へとそれなりに遺伝し、その発達においては家庭環境に大きな影響を受ける。

社会的地位が高く、また経済力のある親（たいてい知能も高い）の元で育つ子どもは、よりよい学習環境が与えられる傾向にあり、遺伝的な能力の高さを環境がさらに押し上げてくれるのだ。

天才型の東大生は、父親、母親、またはその両方の知能が高く、裕福な家庭で育ち、幼少時からあらゆる学びの機会を与えられている。

海外生活、さまざまな習い事、豊富な自然体験、スポーツ経験、機械工作、何不自由なく与えられ読んできた大量の本……それらによって、彼らの精神と肉体は健やかに発達し、高い知性と教養を身につけている。

たいていは人格的にもすぐれていて、一緒にいると楽しい人たちだ。ごくまれに一切の道徳心を持たないサイコパスがいるが、その類いも持ち前の高い知能で社会に溶け込み、表面上はさほど不快な振る舞いをしないので、魅力的に見える。

ただ、本人たちにまったく嫌みはないのだが、一緒にいる僕たちは事あるごとに能力の差を思い知らされ、勝手に落ち込むはめになる。「本当に同じ人間なのだろうか？」と思うことは僕自身の経験においても一度や二度ではなかった。

もとよりCPUのクロック数もワーキングメモリも規格外なのに、その能力をフルに使ってさらなる自己進化を止《や》めない。

自分がどれだけ努力しても、生きているうちに決して追いつくことができない才能。スポーツでいうところの野球の大谷翔平《おおたにしょうへい》やフィギュアスケートの羽生結弦《はにゅうゆづる》に相当する人たちであり、平凡な東大生が同じ環境で相対するにはまぶしすぎる存在でもある。

以上が、ピンキリでいうところの「ピン」である。

3種類の東大生――第2のタイプ「秀才型」

第2のタイプは、コツコツと物事を成し遂げる「秀才型」だ。

世間が抱く「真面目《まじめ》」で「勉強熱心」というイメージにもっとも合致するのがこのタイプだろう。

与えられたノルマを決められた時間内にきっちりこなす。そのための努力ができる人たち。小学生のころから塾通いをし、同級生が遊んでいるときも真面目に受験勉強にまい進し、東大入試をパスしたような学生たちだ。

天才型ほど頭の回転は速くないが、目標に真摯に向き合い努力ができるというのも才能の一つである。天才型が規格外なだけであって、秀才型も頭の回転は並の人より十分に速い。一般の人よりも努力をしてきた分だけ優秀だ。

卒業後は、文系なら試験を受けて公務員、民間なら商社や金融、理系なら院を卒業して製造や情報・通信分野の上場企業の技術職、資格で働く薬剤師や獣医師になるものが多い。

僕の感覚としては、東大生の半数以上がここに属している。

秀才型は、その堅実性からか、極端にリスクを嫌う人が多く、野心のようなものはあまり抱かない。

このタイプは、先人によってすでに敷かれているレールを速く走るのは得意だが、自分で未開の土地を開拓して新規にレールを敷くというようなことは苦手だ。そして、彼らは、自分たちが苦手なことは極力やろうとしない。秀才型がしばしば「頭が固くて融通が利かない」と言われるのは、既存のレールから頑として外れようとしないからだ。

これには、主に以下の二つの理由がある。

一つめに、「正解がないこと」への対応力が弱いということ。

東大生は、東大を受験するまで、義務教育で9年、高校で3年、「明確な答えがあるテスト」を解き続けてきた。東大入試にしたって、問題のほとんどに教科書的な決まった解法があり、過去問をやり込んでその解法パターンを丸暗記すればパスできる。

実際の入試では、時として数学などで解答に斬新な発想を要求する問題が出題されることもあるが、その手の問題は「捨て問（解答を放棄すべき問題）」として早々に見切りをつけ、試験時間は教科書レベルの平易な問題に有効に使い、それらでミスをせず確実に得点をするというのが東大受験でのセオリーだ。

つまり、既存の情報（過去問）の外にあるものは、彼らにとっては「捨て問」なのである。東大を受験するにあたり、前例がないこと、解法が存在しないこと、明確な答えがないことに対して、試行錯誤しながら挑むという訓練はしていない。未知の課題には、かぎられた時間を使うべきではない——それが秀才型東大生の思考法である。

二つめの理由が、東大生は失敗して人から批判されることを極度に恐れるということだ。東大生は幼いころから地域一番の神童として注目され、まわりからずっと「○○ちゃんはすごいね」「頭がいいね」「なんでもできるね」とほめられてきた。それはプレッシャーではあったが、長年その期待に応え続けているうちに、プライドが少しずつ肥大してきた。

ゆえに、なにごとにおいても失敗はできない。長い年月をかけて育んだ自尊心が、それを許さない。「なんでもできて当たり前」の人間は、新たな挑戦をするときも、はじめから完璧に成功を収めなければならないのだ。

しかし、そんな考えでいれば、前例のない課題に取り組もうというときも、どうしても失敗のリスクに行動が縛られてしまい、「失敗するくらいなら、最初からやらない方がいい」ということになってしまう。彼らが持ち前の高い情報処理能力で「できない理由」を目ざとく発見したら、そこでその課題へのチャレンジは終了だ。

つまり、受験勉強が得意な彼らが受験勉強では学べなかったこと、それが、正解のない課題に挑む「チャレンジ精神」なのだ。

ちなみに、先に書いた天才型は、この「できない理由」を、並外れた才能で克服してしまう。また、この後に説明する3番目のタイプには、「リスク分析の精度の甘さ」から、見切り発車で、自覚なく難題に挑むことができるものがいる。

とまぁ、ネガティブな面について多く書いたが、基本的に秀才型は真面目で努力家であり、並の人よりは優秀だ。

真面目なぶん、行動に理がない（ように見える）デタラメな人たちに振り回されたり、真に才能のある人たちに対してコンプレックスを感じたりと、なにかと気苦労が多いのもこのタイプの特徴である。

優秀なので自分の弱点もしっかりと自覚していて、なんとかしたいと常々思ってはいるのだ。そして、「東大卒はプライドが高く仕事で使えない」「東大は自然科学分野でのノーベル賞受賞者が京大よりも少ない」「挫折に弱い東大生」「東大卒の経営者が日本をダメにした」……などといった週刊誌の記事の見出しを電車の中づり広告などで目にするたび、コンプレックスを刺激されて人知れず傷ついている。

3種類の東大生——第3のタイプ「要領型」

第3のタイプは、東大入試を主にテクニックでクリアしてきた「要領型」だ。東大生の

３割くらいはここに属するだろう。僕自身もこのタイプだと自覚している。

先にも述べたように、東大入試で出題される問題そのものはさほど難しくない。しかし、とにかく量が多く、受験勉強を通して身につけておかなければならない知識はかなりの量になる。要領型は、この膨大な量の暗記をこなしていく過程でとことん効率を重視し、ある種の「手抜き」を覚えた人たちだ。

このタイプの中学高校での勉強はすべて東大に受かるためにある。学問的な意義など二の次だ。東大入試に出題されない分野、かりに出題されても配点が低い分野の勉強には一切手をつけない。

逆に、東大入試に頻出の分野はひとまず理解を置いておいても丸暗記する。機械的に何十回と紙に書き写し、ゴロ合わせでもなんでも使って覚え切る。

要領型にとって重要なのは、理解の質よりも暗記すべき箇所だ。時間をかけてその学問を深く理解するよりも、試験に出る要所のみをピンポイントで機械的に暗記してしまった方が気が楽だし、時間もかからないからだ。

本番の試験で得点につながらないことに時間を使うのは無駄――彼らはそう考える。膨大な理解の積み重ねの上にようやく身につく「センス」なんてものははなから捨てる。そう心がける。

入試に頻出の分野の基礎的な知識を一通りさらい終えると、早いうちから赤本や青本で過去問に取り組む。受験本番に出る問題にもっとも近いのは、教科書に載っている練習問題でも予備校がつくっている予想問題でもなく東大の過去問だからだ。直近10年分くらいは問題と解答を丸暗記してもいい。

過去問をひたすら暗記していくと、時間を使って確実に得点するべき問題と最初から解答を諦めるべき問題の見極めができるようになってくる。合格するために必要な得点は全体の6割程度。つまり、4割の問題はバットを振らずに見送ってもいいのだから、この「選球眼」は東大に受かるための大きな武器となる。

過去問を解く際には本番と同じサイズの解答用紙を用意し、解答を書く際の文字のサイズや配置を体に覚え込ませることも重要だ。

例えば、東大の理系数学では、例年、A3サイズの解答用紙が2枚配られ、それぞれの表で2問、裏で1問を解答することになっている。

回答欄は真っ白なので、試験が始まったらまず真ん中に縦線を引いて、計算式やグラフなどをレイアウトしやすくしておく。このような下ごしらえのスキルが事前に身についているか否かで、本番の得点はずいぶんと変わるだろう。

パターン暗記に偏重したこのような勉強では、その知識を応用する力は育たない。しかし、現状の東大入試そのものが、センスや試行錯誤の末に課題を突破する力を求めておらず、発想力が必要とされるような問題を解かなくても、暗記で対応できる問題のみ得点していれば合格はできてしまう。

例えば、数学は、東大入試のなかでは比較的発想力が必要とされる科目だ。それでも毎年、全問題（文系4問、理系6問）のうちの2、3問は、教科書的な解法パターンとその組み合わせで解けるレベルの問題が出題される。そのため、教科書レベルの標準問題が載っている『チャート式基礎からの数学（通称・青チャート）』（数研出版）シリーズを丸暗記して臨むという試験対策が有効で、東大受験生の間でも有名だ。

最悪、この数学がゼロ完（完答できた問題がゼロ）でも、単純な暗記が効きやすい英語や地歴や理科できちんと得点できていれば、合計で6割の合格最低点は十分に超えられる。

このような受験勉強は「メリハリが利いている」と言えば聞こえはいいが、「いかに手を抜いて東大入試をパスするか」に最大の重きをおいているとも言えるだろう。

まさに、東大に合格するためだけの、東大入試に特化した訓練だ。そのため、東大に受かった人が同年に滑り止めで受けた早稲田大学や慶應義塾大学には落ちていた——なんてことが往々にして起こる。

さて、受験勉強を通して「要領のよさ」を身につけた東大生たちは、物事の全体像をいち早く把握し、要所を見抜くことに長《た》けている。そのため、勉強でも仕事でも運動でも、なんでも新しくはじめてみるとその成長は早く、すぐに人並みかそれ以上にはこなせるようになる。

しかし、ある一定のレベルからは、コンスタントに努力を積み重ねている人たちにはかなわない。たかだか数年の受験勉強でクリアできる東大入試には抜群の効果を発揮した「要領のよさ」は、大学からのより専門的な学問や、社会に出てからの仕事や人間関係にはそうそう通用しないからだ。

要領型は、何事においてもせっかちに「最短ルート」を行こうとするが、近道ばかりを選んで歩くので基礎体力が身につかない。体力がないから、ますます楽な道を探そうとする。そんな人間と、道なき道を自力で切り開いてきたものとの実力に歴然たる差が出ることは当たり前のことだ。

あらゆる物事には、無駄として切り捨てたところに、得てして思わぬ価値があるものだ。

先人に開拓され、多くの人が通りたがる最短ルートには、「新しいもの」は落ちていない。そもそも、横着者が浅薄な知識にもとづいて切り捨てたのは、本当に無駄なものだったのか――。

ビジネスの現場で企業から「思っていたよりも使えない」と言われる東大卒はこのタイプだろう。東大生のピンキリでいうところの「キリ」だ。

天才型・秀才型・要領型という東大生の3タイプについて書いてきた。

ここでは分かりやすく単純化して三つのラベルを示したが、もちろん東大生だって生きた人間だから、その人格はさまざまな要素が複雑にからまりあって形成されている。

ただ、それらの要素の多寡《たか》によって、東大生の思考や行動の大まかな傾向を知ることはできる。この3タイプは、東大生をよく理解するための指針の一つと捉えてもらえるといいだろう。

第2章　東大入ってもラクじゃない

入ってからの熾烈《しれつ》なつぶし合い

多くの大学が学部や学科別に合格者を決めるのに対して、東大では3年生で専門課程に進学する際にはじめて学部と学科が決まる。

これが有名な「進学振り分け（通称・進振《しんふ》り）」だ。最近、「進学選択」に名称が変わったが、長年の慣例でいまだに「進振り」と呼ばれている。

進振りでは、進学先の定員の枠内で、2年生前期までの成績の平均点の高い順に内定していく。当然、人気のある学部・学科は合格最低点が高くなり、逆に、医学部看護学科のように、人気がなく、赤点さえ回避できていれば内定できる「底割れ」学科もある。

文一は主に法学部、文二は主に経済学部、文三は主に文学部や教養学部、理一は主に工学部・理学部、理二は主に農学部・薬学部・獣医学部、理三は医学部に進学するが、もちろん成績が悪ければ、希望する学部・学科には進学できない。

例えば、「動物のお医者さん」に憧れて理二に入学しても、希望どおり獣医学部に進学するには、教養課程の講義の平均点で70点以上をとり、その年の獣医学部進学希望者のなかの上位約20人（科類によって枠が決まっていて、有利不利はある）に入っていなければならない。

逆に、理三以外の学生でも、平均点で90点前後の好成績をとっていれば、医学部医学科に進学できる（ただし、大学受験をやり直して改めて理三に入る方が難易度は低い）。

教養課程で見識を広げてから改めて自分の進路を決めることができ、その気になれば文系の理系学科への転進（理転）も理系の文系学科への転進（文転）も可能――このように聞くかぎり進振りはいかにも素晴らしいシステムだ。

しかし、これは「ようやく受験戦争を勝ち抜いたと思ったら、息をつく暇もなく次の競い合いがはじまる」ということでもある。しかも、その競争は東大入試よりもずっと激しいものとなる。なぜなら、今回の相手はその東大入試を勝ち抜いてきた勉強を得意とする連中だからだ。そしてもちろん、競争に敗れれば希望の学部・学科には進学できない。

先ほどの「動物のお医者さん」の例でいえば、他大であれば受験生同士の競争に勝てば獣医学部に入れる。しかし東大では、東大に合格したもの同士の競争を勝ち抜かねば、獣医師になる夢は絶たれてしまうのだ。

長い目で見たとき、果たして東大に入ることが夢をかなえるために最善の道であるかは分からない。

毎年、進振りによって子どものころからずっと抱いていた夢を絶たれる学生は大勢いる。東大に入ったがゆえに、望んだ形で社会に出られないということが起きるのだ。

大学に入ってからの勉強で往々にして泣きをみるのが、先に書いた要領型の東大生だ。頻出分野をピンポイントで丸暗記して入試を突破してきているから、基礎的な学力や教養が不足しており、大学で行われている本格的な学問の講義についていけなくなるのだ。

「東大に入ること」それ自体を最大の動機として受験に挑んだ学生も多く、その類いの学生は東大入学後の人生に明確なビジョンを持っていないか、持っていても見通しが非常に甘い。

彼らは合格の喜びに延々とうかれ、講義がはじまって以降も受験からの解放感のままに遊びほうけ、スタートダッシュで出遅れてしまう。

期末試験の直前になってようやく持ち前の「要領のよさ」で試験を乗り切ろうとするが、

大学からの学問はそれまでのように手を抜きながら修められるような生やさしいものではない。

シケ対から手に入れたシケプリ（シケ対とシケプリについては、この後で説明する）を丸暗記したところで、物事の理解力が桁違いの天才型やコツコツと真面目に勉強する秀才型にはとてもかなわない。彼らだってシケ対やシケプリをフルに活用しているのである。

かくして、要領型の東大生は期末試験で赤点をとり、また赤点をとらぬまでも、希望の学部・学科へ進学するのに必要な点数をとれず、目標を見失い、留年をする。

実は、東大は留年率が例年20パーセントを超えている。この日本の大学のなかでも突出して高い留年率は、講義のレベルの高さに加え、東大生同士の熾烈なつぶし合いが繰り広げられる進振りというシステムの負の側面を反映していると言えよう。

さて、講義についていけず落ちこぼれた学生は、入学して2年もすれば東大に入ったという高揚感もなくなり、日々を漫然とすごすようになる。

大学からの学問は論理的な知識の積み重ねなので、最初の段階でつまずくと、そこから先の講義がサッパリ分からなくなる。高校までの勉強のように、分かりやすい参考書も教官からの手厚いフォローもない。

東大合格が人生の最大の目標だった人たちは、東大入学後は勉強の「べ」もしなくなる。使わなくなった受験の知識は急速に失われ、やがて単純な微分積分すらできなくなる。これが、いわゆる「東大までの人」というやつだ。

黙々と運用される「秘密兵器」シケ対とシケプリ

先ほどの話にも出てきたが、東大の定期試験を語るうえで欠かせないのが「シケ対」と「シケプリ」だ。

シケ対は東大生が自主的につくり、脈々と運営し続けてきたシステムで、正式名称を「試験対策委員会」という。

東大の教養課程は科類と選択した第二外国語（初修外国語）によってクラス分けがなされ、必修の授業はそのクラスごとに受けることになっているのだが、シケ対はそのクラス内に組織される、期末試験を乗り切るための互助会だ。

シケ対は教養課程で行われている主だった講義に対して、クラス内でそれぞれ1名の担当者を割り振る。担当者は講義へ出席してノートをとり、試験の過去問の収集と分析を行うことが義務づけられる。そして、試験前になると、それらの情報を分かりやすくまとめた試験対策プリント、通称「シケプリ」を作成し、クラス内で共有するのだ。

どのようなシケプリを作成するかはその講義の担当者に任されているが、そこは散々受験勉強をやってきた東大生、授業のノートをまとめたり過去問を分析したりするのはお手の物だ。参考書のマニアも多く、そのような「勉強のオタク」たちによって嬉々《きき》として作成されるシケプリは、板書をただ写し取っただけにとどまらず、難解な講義をかみ砕いて解説し、過去問に加えて予想問題まで付いていることもあり、試験で効率よく点をとるのに非常に役立つものとなっている。

シケプリは往々にして教官の授業よりもよっぽど分かりやすい。東大の教官は研究者ではあっても教育者ではないことが多く、それを公言するものもいる。そういう教官の講義スキルは、ビジネスとして物を教える予備校教師などの足元にもおよばず、とにかく不親切で分かりにくい。

勉強は自主的にするものだと言われれば、それは正論だが、こちらも決して安くはない授業料を払っているわけで……と、思わず学生時代に単位がとれなかった講義を思い出して愚痴を書いたが、いずれにしても、シケプリは東大の期末試験には欠かせないものだ。

解説が特に丁寧で分かりやすいシケプリは「神シケプリ」と呼ばれ、クラスの世代を超えて代々受け継がれている。

シケ対は、例年、入学直後の4月頭に行われる「オリ合宿」というクラス旅行中に組織される。これは、一学年上のクラスの先輩たち（「上《うえ》クラ」と呼ばれる）によって企画される行事で、関東近郊で1泊2日の懇親旅行に出掛けるというもの。参加は任意なのだが、毎年新入生のほとんどが参加する。

全国津々浦々から東大に集まった若者たちは、オリ合宿中に、これから一緒に必修の講義を受けるクラスメートたちと親睦を深め、先輩たちから東大生として新たな生活をはじめるために必要な情報を教えてもらう。そしてこのとき、たいていは夜のコンパ中に、先輩たちに言われるままにシケ対を組織するのだ。

不思議なことに、ほぼすべての新入生はオリ合宿に参加するし、一通りの希望を募った後、余りをくじ引きやジャンケンで割り振ったシケ対も、その任を滞りなくこなす。

学生の本分をまっとうし、独力で真面目に勉強しようと考える人には、シケ対は不要である。進振りにしても、突き詰めていけば同級生との競い合いになるのだから、シケプリの作成は敵に塩を送る行為となるだろう。

極端な話をすれば、試験直前に担当者がデタラメな内容のシケプリをばらまけば、シケプリ頼りの試験対策をする連中を軒並み進振りレースから脱落させることだってできる。

それなのに、担当者がその任を投げ出してシケプリが配布されない、などということはめったに起きない。まれに担当した学生が心の病などを患い大学に出てこなくなることもあるが、そんな場合でも誰かしらがしっかりとフォローに回り、ほかのクラスのシケプリなり過去のシケプリなりを入手して配布してくれる。

僕は教養課程のころ総勢70名の大所帯に所属していた。シケ対によって全員がなんらかの講義の担当に割り当てられていたが、誰一人としてシケプリの作成をボイコットするものはいなかった。期末試験期間にそれを知ったとき、東大生の責任感の強さというものに驚きと感動を覚えたものだ。

シケ対というシステムがいつはじまったのか、その起源の正確なところは定かでないが、あるとき、所属していたサークルのOB会で50代の先輩に聞いてみたところ、今から30年前にはすでに存在していたらしい。

システムをつくり、それを黙々と運用する。東大は伝統的に官僚を養成してきた大学だが、まさに、東大生が持つ「法律を作って粛々と運用する」という官僚の資質が、シケ対という仕組みを数十年の長きにわたり存続させているのだろう。

そして同時に、既存のシステムに唯々諾々《いいだくだく》と従う様は、東大生が「敷かれたレール」から外れることができない人たちの集まりであることを示しているともいえる。

ちなみに、シケ対やシケプリとは別に、時代錯誤社という学内文芸サークルが、毎年4月に『教員教務逆評定』という冊子を300円前後で販売している。学生へのアンケートをもとに、駒場キャンパスで教鞭をとる教員と授業を大仏・仏・鬼・大鬼の4段階で総合評価しており、これを参考にして点をとりやすい授業を選択する学生は多い。

絶望的な能力差に心折られ

多くの人が一カ所に集まると生じるのが格差だ。

東大においてもそれは例外ではない。むしろ、東大という特殊な場所だからこそ、目立って生じる格差がある。

まずは、なんといっても能力の差だ。

東大には、「本当に頭のいい人間」があちこちにいて、入学直後からそういう人たちを間近で見ることになる。

地元では「神童」扱い。東大に合格した際には、通っていた塾の広告塔としてテレビCMにまで出演した若者——なにを隠そう僕のことだ——も、東大に入ってみれば凡庸な、というか、どちらかというと中の下の能力しか持たない人間であったことを思い知ることになった。

例えば、僕の駒場時代（1、2年生時分）はこんな感じだった。

必修科目である数学の担当教官は、ただでさえ難解な講義を、なんということだろう、片言の日本語で行うドイツ人だった。

元から数学が苦手だったこともあり、僕には教官が話していることがサッパリ理解できない。ならばと、推薦図書とされていたバカ高い専門書をバカ真面目に買って読んでみるが、書かれてある数式の上をひたすら目が滑るだけだった。

こうなると、講義中の教官の言葉は、単なるノイズとして右の耳から左の耳へと抜けていく。数学は完全な積み重ねの学問だから、理解が止まった場所から先へは一歩も進めなくなった。

一方で、高校生のころに数学オリンピックに出場したというクラスメートは、毎回嬉々として講義を受けている。どうやらこの意味不明な講義は彼にとって大変充実した時間であるようだ。しばしば、教官と熱いディスカッションをしている。しかも、日本語が不得手な彼に配慮して英語で！

またあるときはこうだ。

みなで同時に学びはじめた中国語の試験が近づいてきたころのことである。こちとら赤点を回避するべく必死になってシケプリにかじりついているというのに、クラスメートの何人かはすでに学内にいる中国人留学生、すなわちネーティブとの、日常会話をこなしている。「ちょっと実践をしてきます」という感じで、試験期間中に中国旅行をしてくる人もいたし、幼少時を華僑《かきょう》が通う海外の小学校ですごしたとかで、もとより中国語がペラペラの人もいた。そういう人たちは、改まっての試験勉強など必要としていない。

東大では一事が万事こんな調子なのだ。

法学部在学中に予備試験を経て法科大学院に行かずに司法試験に合格してしまう人。

まだ学部の4年生なのに英語での学会発表を質疑応答まで難なくこなし、発表後の懇親会では世界の研究者たちとこれまた巧みな英語で積極的なコミュニケーションをとっている人。

学生ベンチャーを立ち上げ、東大人脈を最大限に生かして一般的なサラリーマンの生涯年収くらいのお金をサクリと集めてしまう人。

院生の時点で高いインパクトファクター（影響力）の科学雑誌に研究論文を何本も載せる人……東大にはそんな人がゴロゴロいる。

頭の回転も集中力も行動力も、この人たちには絶対にかなわない――そんな絶望的な能力の差を、あらゆる機会に認識させせられるわけで、僕のような凡庸な東大生にはけっこうつらいものがあった。僕と同じように、間近にいる本当に優秀な人たちに引け目を感じていた東大生は、少なからずいたはずだ。

ちがう世界に生きている人たち

東大内格差はまだある。

東大が発表している２０１７年の学生生活実態調査では、東大生の家庭の平均年収は９１８万円。親の20・８パーセントが年収１０５０万円を超えている。同じ年の「児童のいる世帯」の平均所得（＝年収）が７３９・８万円なので、東大生には金持ちの家の子が多いことは明らかだ。単純に、家庭が裕福であれば、子どもはより豊かな学びの環境で勉学に励めるからだろう。

ただ、これはあくまで平均値の話だから、東大生には金持ちの子どももいるが、そうでない子どももいる。要は、東大生間の経済格差だ。

「そうでない子ども」はなにを思うのか。ここからは、僕が学生時分に所属していたサークルの先輩・宮須孝介《みやすこうすけ》さん（42歳）の言を借りたい。彼は貧困者を自認している。

「あるとき、学食の同じテーブルで同じ格安380円の日替わり定食を食べていたクラスメートたちと家の話になったんだ。そしたら、A君はNECの役員の息子、B君も帝人の役員の息子、Cさんは国立大学の教授夫婦の娘だということが分かった。うちの両親は中卒だし、おやじはずっとまともに働いてなくて家に貯金なんて1円もないから、がくぜんとしたよ。場違いなところにきてしまった。失敗した。そう痛感したね」

宮須さんは長崎県出身。東大を受験したのは、たまたま本屋で目にした『受験は要領――例えば、数学は解かずに解答を暗記せよ』（和田秀樹、ごまブックス）という本に感化されたからだという。

普通、東大を受験しようとする高校生は塾や予備校に通うものだが、宮須さんは独学で東大受験に挑んだ。

家に子どもを予備校に通わせるだけの経済的余裕がなかったからだが、彼はそんな逆境をものともせず、『受験は要領』に書いてあった「英語と数学の二科目を重点的に勉強し、問題集に載っている解法を丸暗記する」という勉強法の実践で、見事、東大文三に現役合格した。

「自分と同じようにコンビニでアルバイトをしていたＣさんについては、勝手に苦学生仲間だと思っていたから、とりわけショックが大きかったね。まぁ、勤務時間は朝の２時間だけだったし、彼女にとっては社会勉強だったのかな」

そう、宮須さんがアルバイト先に選んだのはコンビニだった。

東大生なら時給の高い教育関係のアルバイトをするのが一般的だが、学習塾の講師や家庭教師といった仕事ではまとまった時間を働くことは難しい。

宮須さんは、家賃３万５０００円の格安アパートに住んでいたが、実家からの仕送りが一切ないため自力で月に10万円は稼がねばならず、それができるのが希望すれば何時間でも働ける東大農学部前にあったローソンの店員のアルバイトだったという。

「なにかにつけて『自分は東大生に見られない』と言っていたＤさんは、そのとおり、見るからに浮世離れしたお嬢さまだったな。ガリ勉という感じはまったくしなくて、清楚《せいそ》でかわいらしかったけれど、学生の身分でベンツを乗り回していたよ。

一方で俺はといえば、車を所有する以前の話で、免許を取りに行く金さえないんだから、生きている世界がちがうと思ったね」

免許を取りに行けないほど困窮していたならば、教科書代にも事欠いたはずだ。学術書のなかには優に数万円するものもあり、僕もその手の本を買う際には何日も悩んだ覚えがある。

「教科書なんてろくに買えないよね。図書館にあるにはあるけど、借りてずっと手元にはおいておけないし、読みたいときにすぐには読めない。

勉強をするためのハードルの高さがちがうんだよ。こちらは目先の金に時間をとられてばかりでさ。やる気さえあれば何事だって成せるのかもしれないけど、けっこうなやる気が必要となる時点でハンディがあるよね」

たしかに、実家が太い人は高い学術書を買うためにアルバイトをする必要などないから、学生の本分である勉学に集中しやすいだろう。僕の同級生にも相続した不動産の家賃収入で、なに不自由ない学生生活を送っている人がいたが、高い専門書の数々を定価で思うがままに購入する彼をうらやましく思ったものだ。

文学部に進学して卒業研究をはじめる時期になると、宮須さんは周囲の人たちとの格差をさらに実感するようになったという。

「自分は学費と生活費を稼ぐためにバイト漬けの日々を送っているところを、まわりは親からの仕送りでなんのちゅうちょもなく、海外旅行、語学留学、ゼミ旅行なんかに行けるんだよね。ゼミ旅行には俺も誘われたんだけど、旅費が払えないから断るしかなかった。まぁ、やっぱり惨めだったよ。同級生たちは卒業論文を書くための実地調査にも頻繁に行っていたけど、俺はバイトに出なくちゃならなくてとても行けなかった。東大の図書館で文献をあさればいいテーマを選んで、それで卒論は書いたけどさ」

世の中のすべてが金ではないが、世の中の非常に多くのことが金で解決するのは事実である。勉強をするための道具も、研究論文を書くために必要なデータも、金を使えばよりいいものを楽に手にいれることができる。

都会の高校生、田舎の高校生

経済格差と同じくらい切実だったのが、「情報格差」だったと宮須さんは言う。

「そもそも、俺って長崎から出てきた田舎者じゃん？　都会のインテリコミュニティーの連中とは、中学高校の時点で『世間知』に大きな差があるのよ」

先の2017年学生生活実態調査によれば、東大の学生は関東に実家を持つものが全体の62・6パーセントを占めている。その多くは、開成・麻布・筑波大附属駒場・東京学芸大附属・桜蔭といった、東大に数十から100人単位で学生を送り込む名門校の出身者だ。

名門校は生徒の質、授業の質、親類縁者の持つ情報の量、そのどれもが田舎の公立高校に勝る。東大を志望する学生とその親たちは東大に入学する前から大きなコミュニティーを形成しており、そこに教師も加わり、お互いに知り得た東大の情報を積極的に共有している。

また、OBの東大生を自分たちの高校に気軽に招き、教養課程で好成績をとるための履修のノウハウや力のある教授の名前、研究室やゼミの就職実績といった情報をもらう集まりも頻繁に行っている。

そして、実際に東大に入学すると、事前に得ていたこれらの情報を使って学生生活に華麗なスタートダッシュを決める。上京して右も左も分からずに東京の街をさまよう田舎者との差は歴然だ。

「田舎者だからといって都会の連中から意地悪をされることはないし、聞けばなんでも素直に教えてくれる。基本的にはみんな親切だよ。でも、東京に出てきたばかりの田舎者は、彼らの好意を活《い》かすことができないんだよね」

地方からひとり出てきた学生は、東大で友人をつくりコミュニティーに所属するところからはじめなければならない。中学高校からつるんでいる名門校の出身者たちにはどうしても気後れしてしまうのだ。

東大にはさまざまな奨学制度が用意されている。なかには無利子の奨学金や特定の条件を満たせば返済そのものが免除されるようなものもある。しかし、学生生活のはじめ方も分からないような情報弱者がそのような制度をすんなり利用できるかといえば、難しいだろう。

「俺が学生だったころは今ほどインターネットでの情報発信がされていなかったんだよね。

だから、貧乏人のために学費免除の制度があるってことを知らなかった。同級生も教官もそんなことは教えてくれなかった。

存在を認識していないんだから、調べようもないよな。ちゃんと手続きをしていれば卒業まで学費はかからなかったのに、ひたすらアルバイトで時間を浪費して、学問を修めたという実感もないままに卒業しちゃったよ」

そんな宮須さんは、学部を卒業した後も農学部前のローソンでアルバイト店員を続け、そのローソンがつぶれてからもさまざまなアルバイトを転々とし、40歳を超えてフリーター生活を送っている。

さすがにアルバイトだけでは生活が心もとないため「治験ボランティア」にも登録している。医薬品や医療器具の臨床試験への協力――と言うと聞こえはいいが、要は「新薬の人体実験」に自分の体を提供するのだ。

1回ごとに休薬期間をはさまなくてはいけないので年にそう何度もはできないが、副作用のリスクが高い薬の場合は2週間ほどの拘束で約50万円の収入になるという。

「入院して毎日血を抜かれるけど、三食出るし、病室で漫画を読んでいるだけでいいんだよね。入院中は酒とタバコが禁止されているから、不摂生をしていた体も健康になる。それで50万円がもらえるんだから至れり尽くせりだよ」

学生時代に就職活動はしなかった。にわかには信じがたいことだが、就職活動というものの存在すら知らなかったのだという。学部生のころ「研究室の同期たちがなにかやっているな」と気づいてはいたが、アルバイトに明け暮れていて深くは考えなかったそうだ。就職活動について大学からアナウンスはなく、結局、有益な情報が得られなかった宮須さんは、「新卒チケット」を無駄にすることになった。

「父親がまともな勤め人じゃなかったから、就職をするってことがどういうことなのか本当に知らなかったんだ。会社への入り方が分からなかった。情弱にもほどがあるよね。

東大で人間には生まれ持った『格』にちがいがあることを思い知ったよ。俺には生まれながらにして金もコネもなかった。そのことがハッキリと分かったら、なにもかもにやる気がなくなったんだよね。

東大に入ろうと思ったのが不幸のはじまりだね。俺は東京に出てくるべきじゃなかった。長崎から出ないで、高校を卒業したらすぐに家の近所の自動車修理工場で働けばよかったよ」

一般的に情報は多く持っているにこしたことはない。情報にもとづいてうまく立ち回れば、学業でも仕事でも成果を得やすいし、ひいては幸福を手にしやすい。

しかし、なまじ多くの情報を持っているばかりに、情報に縛られ、本来のパフォーマンスが発揮できないということもある。時として、その負の影響が人生全体に及ぶことも。

世の中には才能や財産にとりわけ恵まれている人がいて、そういう人と自分との間に絶望的な差があるということを知ってしまったがゆえに、心が乱れ、苦悩し、不幸にとらわれてしまう。

「無知は幸福」といわれることがある。まわりの東大生との格差を知ることがなければ、自分だけのゆったりとした世界のなかで、宮須さんは幸せな人生を送れたのかもしれない。

東大京大、当たり前

受験生のころに頭のなかに思い描いていた理想の自分と、東大に入ってから突きつけられる現実——そのギャップを認識したうえで、「自分は決して特別な人間なんかじゃない」と開き直ることができれば気は楽になる。さらに「せめて、いまの自分にできることを一生懸命にやろう」とまで考えが至れば、前向きに生きていける。

僕にかぎらず、大半の凡庸な東大卒業生は、そういう気持ちの折り合いをつけて自らの人生を生きているはずだ。

しかし、ごく一部に、現実を受け止められず、かといって努力で現実を克服しようともせず、東大以外の大学とその学生・卒業生を見下すことで、精神の安定を保とうとするものたちもいる。

それが、「プライド肥大型」の東大卒だ。

彼らのものの見方は、「平家にあらずんば人にあらず」ならぬ「東大卒にあらずんば人にあらず」である。

このような特権意識が形成されるのに理由がないわけではない。事の起こりは、彼らが東大受験生だった時期だ。

一般的に東大を受験しようとするとき、高校の授業や独学では情報量が足りない。そのため受験生の多くは現役・浪人を問わず予備校に通うことになるのだが、志望校を東大一本に絞って専用の試験対策をとることで勉強の効率は大幅にあがるため、たいていは各予備校に設置された「東大受験コース」を受講する。

営利企業である予備校は受験生に最大の成果を与えるためにカンニング以外のことはな

んでも指導する。そのなかには、「自己暗示」のようなメンタルのトレーニングもある。

これは、スポーツ選手がよく行っている訓練で、試合前に「自分は絶対に勝てる」「勝って当たり前」といったポジティブな思考を脳に徹底的に刷り込んでおくというものだ。この暗示によって、試合本番に緊張や不安によってパフォーマンスが低下することを防ぐ。

受験生も競い合いという点ではスポーツ選手と同じなので、予備校ではスポーツ選手さながらの暗示が施される。具体的には、「東大なんて受かって当たり前」という意識を受験生の脳に刷り込み、受験本番でも一切動じない「東大受験マシン」に仕立て上げるのだ。

実際、僕が受験生のときに通っていたある予備校の東大受験コースでは、人気講師の一人がお題目のように「東大京大、当たり前。早慶上智は滑り止め。関関同立、試験慣れ。明青立法中は受ける価値なし」という文言を繰り返していた。

「東京大学や京都大学は受かって当たり前の大学だ。早稲田大学、慶應義塾大学、上智大学は滑り止めで受けるような大学で、第一志望とするに値しない。関西大学、関西学院大学、同志社大学、立命館大学は、大学入試の雰囲気に慣れるために受けてみてもいいが、それ以上の価値はない。明治大学や青山学院大学、立教大学、法政大学、中央大学に至っては、受験するだけ時間と受験料の無駄である」そんな意味だ。

この手の暗示は受験本番で非常に有効なので、どこの予備校でも多かれ少なかれ受験生に対してこのようなメンタルトレーニングを行っている。

インドにはカースト制度という身分制度があるが、先に挙げたようなことは、いわば学歴におけるカースト制度である。僕が現役の受験生だったころから大学の偏差値ランキングも多少は変動しているが、いずれにしても、この学歴カーストを脳に刷り込まれた後、晴れて受験戦争を勝ち抜いた東大生のなかには、「当たり前」以外の大学を見下すものが出てくる。

恥ずべきことに、僕も入学した当初は、この学歴カーストに影響されて、駒場キャンパスのなかを根拠のない自己肯定感とともに闊歩《かっぽ》していた（一応の弁解をしておくと、1年生の5月ごろまでの話だ）。

ただ、少しは世間を知れば、「学歴など無数にあるパラメーターのひとつでしかない」という至極まっとうな事実に気づき、先に書いたようなゆがんだ価値観は正されていくものだ。普通の人なら、それくらいの修正力はある。

ところが、東大に入った時点で人間的成長が止まり、卒業して社会の荒波にもまれてさえ考え方を変えられないものもごくまれにだがいる。

そういう人は仕事にしても人間関係にしても、自分の考えに固執し、誤りを決して認めず、いつだって他人をバカにしていて話を聞かない。それでいて、たいていは仕事のセンスも悪いものだから、「あの人は東大を出ているのに使えないよね」なんて陰口をたたかれることになる。

あなたの職場にも、このような東大卒の人間はいないだろうか。

「東大までの人」の就職活動

僕は大学院の博士課程をドロップアウトして街をぶらぶらしていたときに、かつて著者として本を書いたことのある出版社から「編集者をやらないか」とスカウトされ、そのまままあまり深く考えずに社会人となった。

その出版社で4年ほど編集者として働いた後、退職して、今はフリーランスの書籍ライターという仕事で生活している。

就職活動を経験していないので僕自身は学生の就活事情にそれほど詳しくはないのだが、幸い月末になると卓を囲む麻雀仲間に、東大経済学部の卒業生であり、大手人材情報会社勤務を経て独立、現在も名だたる企業の採用活動をサポートする人事コンサルタント会社の代表・小林倫太郎《こばやしりんたろう》さん（41歳）がいた。

ある麻雀日、小林さんには集合時間の1時間ほど前に雀荘の近くの喫茶店に来てもらい、取材料としては格安のコーヒー1杯を約束して、東大生の就活事情について話を聞いた。

「就職活動ってのは、学生の全方位的な資質が試されるはじめての戦いなんですよ」

注文したコーヒーが届くと、小林さんはそう切り出した。

「自分の能力・志向に合わせた志望業界の選び方から、かぎられた時間内での活動時間の配分の判断、活動時間の絶対量を生む体力と気力、文章で己を売り込むエントリーシートの書き方や面接での立ち居振る舞いまでね」

どこをゴールと定義するかは学生次第だが、就職活動で「成功した」といえる結果を残すためには、多方面にわたる広く浅い能力とそれらをうまく統合して発揮する高い自己管理能力が必要となるのだという。

「多い会社では4次5次と選考を重ねますし、世間で言われるほどごまかしは利きませんよ。入社難度の高い企業の採用担当者をごまかし通せるなら、それはそれで立派な能力と言っていいでしょう」

大学の就職課の指導のあり方などにより多少の誤差はあるが、一般的に大学のランクと学生の就職活動の質は驚くほどに一致するものなのだそうだ。

それは単に筆記試験の点数が高いであるとか学生時代に取得している資格が多いといったことだけでなく、単純な行動量の多さや無難な服装・髪型、面接でのソツのない受け答えといった面でも、「学歴はやはり正直」というのがいまだに採用担当者たちの共通認識であるとのことだった。

ところが、われらが東大生に関しては、各企業の採用担当者たちが口をそろえる奇妙な現象があるという。

「僕らは『東大までの人』と呼んでいますね。『あの子は「東大までの人」だよねー』って」

と小林さんはなにやら小ばかにした口調で言った。

学歴社会の頂点である東大生にかぎって、就職活動の場での評価が極端にお粗末なものがいるのだそうだ。

「エントリーの数は少ないし、行動量も少ない。小手先の訓練で伸ばせるSPIを伸ばす努力もしない。面接でも熱意がないし、最低限の業界研究もしてこない。ちょっと突っ込んだ話をするとまるでFランク（底辺）大学で遊びほうけていた学生のようにトンチンカンな応答に終始して話がまったくかみ合わない。『東大までの人』の就職活動は、こんな調子なんですよ」

「大学別に企業説明会の日程が用意されているし、書類選考も悪名高い『学歴フィルター』で素通りしちゃうから、必死になる必要がないのでは？」

僕がそう尋ねると、小林さんは「問題の根はもっと深いんですよ」とかぶりを振った。

「東大までの人たちは、社会に興味がないんです。正確に言えば、興味がないわけではないんですが、社会で成功したいという欲求は人一倍強いのに、その過程をまったくイメージできていないんです。

『30歳までに年収１０００万円欲しい』だとか『将来は経営者になりたい』といった願望だけは強いのですが、それをかなえるためにはどんな仕事に就いて、どういうふうに成功するかという具体的なビジョンがまったくもって貧困なんです。

それなのに、なぜか自信だけは満々なので、そういう子がクライアントだと本当に困りますね」

耳の痛い話だった。大学院の博士課程まで進学し、人より長く大学にいた僕も実社会に対するイメージはずっと希薄だった。社会にたいして興味もなかった。ようやく「物心」

がついたのは、就職してしばらくたった30手前のころだったように思う。

「これまでどおり一生懸命勉強してれば、誰かが評価してくれると思っているんでしょう。甘えですよ。まあ、困るのは志望者が殺到するような大手優良企業にかぎって、そういう東大生を期待値込みで採用していくことなんですが」

「でも、基本的に期待どおりの活躍はするんでしょう？」

東大卒社員のパフォーマンスが低いという話は、週刊誌の特集などではしばしば見かけるが、僕のまわりでは聞かない。

「まぁ、そうですね。大手は大手で露骨な幹部養成コースみたいなキャリアパスが整っていることも多いですし、敷かれたレールの上を走るのは得意な子たちですから。アベレージとして、東大生は優秀ですよ。ここで問題としているのは、『東大までの人』ですね。正直、仕事ではあまり使えません」

近年、大学卒業時点でもっとも社会人として即戦力に近い実力を備えており、出世頭を務めるのは、東大でも早慶でもなく、明治大学出身で飲食店アルバイトかインターンの経験のある学生だ――そう、小林さんは断言した。

業種にもよるのだろうが、ただ頭がいいだけの人間よりも、変なプライドもなくコミュニケーション能力にすぐれた人材の方が多くの企業では役に立つということなのだろう。

「これは余談ですが、中小企業の経営者さんが東大卒を中途採用しようとするときは、少し慎重になった方がいいかもしれませんね」

　職場に合わなかったとき、新卒なら「ほかにやりたいことができた」とか「資格試験に専念したい」などとのたまってフイと退職してくれることも多い。しかし、中途採用となると、周囲とのズレをものともせず居座り、トラブルにまで発展するということもしばしば起こるのだそうだ。

「来月入社する中途の社員がどうも東大卒らしい。東大卒の採用なんて、うちの会社はじまって以来だ。そりゃすごいね。前職はまったくの別業種らしい。なんでうちの会社に？　役員の紹介。部長の友だちの息子なんだって。年は30手前で独身の男。まあ、このあたりまで合致すれば間違いないです。麻雀でいうところの『数え役満』ですね。当たったらヤバい」

　なにも学歴にかぎった話ではない。人事担当者は客観的に見て自分の会社に不相応な経歴の人間をホイホイと採用すべきではないということだろう。一般によく言われるように、「安いものには理由がある」のだ。

「一応、東大です」という定型句に秘められた本音

東大の卒業生がなにかの拍子に出身大学を尋ねられたとき、渋々の返答で使うのが「一応、東大です」という定型句だ。あまりにもよく使われる決まり文句だからそのまま本のタイトルにもなっているし（『東大生はなぜ「一応、東大です」と言うのか？』新保信長《しんぼのぶなが》、アスペクト）、僕もこれまでに何度となく口にしてきた。

東大卒が「一応、東大です」という言葉を口にするとき、その心中には主に次の二つの感情がある。

まず一つに、「自分などはあなたが思い描いているような東大卒ではありませんので、どうか買いかぶらないでください」という切なる謙遜の気持ち。

僕たちは本当に頭がよく才能に溢《あふ》れた人間を間近で見ている。先ほど挙げた「天才型」の東大生たちがそれだ。そんな、雲の上の存在たちと同一視されてしまったら、その瞬間から自分の評価は減点される一方になる――ような気がして不安でならない。

そしてもう一つに、「東大卒であることにことさら注目せず、等身大の私を評価してく

ださい」という気持ち。

いつまでたっても「東大卒であること」が自分の最大の功績と見なされるのなら、18歳かそこらのときに倍率3倍程度の東大入試をパスしたその瞬間が人生のピークで、それ以降に目立った活躍をしていないみたいではないか（実際、そうなのかもしれないけれど）。

いずれもネガティブな感情であり、たかだか出身大学を問われているだけのことなのに返答の際はいつだって緊張してしまう。東大卒の人ならばそのわずらわしさを身をもって知っていることだろう。

日本の社会のなかで「東大卒」の看板は大きい。その人が持つほかの特徴の大半を覆い隠してしまう。

僕は5年ほど前からとある社会人スポーツサークルで週2回ほどの運動を楽しんでいるが、新人が入ってくるたびにほかのメンバーからは「この人は東大卒なんですよ！」と紹介されている。

今はフリーの書籍ライターという仕事をしていて、そちらの方がよっぽど珍しいことだと思うのだが、東大を出て10年以上がたっていまだ、世間の僕に対する最大の評価は「東大を出たこと」なのだ。これは、けっこうつらいものがある。

より個人的な話をすれば、僕は東大卒であることを人にほめられてもまったくうれしくない。むしろ、その度にコンプレックスを刺激されて苦痛を感じている。

僕は学部と修士課程はストレートに進んだが、博士課程の途中で研究生活が心底嫌になり、研究室からバックレたような人間なのだ。

徹夜が続く長時間の実験、成果の不確実性、人間関係のトラブル、金銭的困窮、将来への大きな不安……それらのストレスが博士課程に進学してから1年ほどで閾値《いきち》を超え、ある連休の初日、研究室に誰もいないときを見計らってすべての私物をリヤカーで家に持ち帰り、失踪してしまった。

精神を守るためのやむを得ない緊急避難行動だったのだが、当時の指導教官や研究室のメンバーには申し訳ないことをしたと思っている。

研究室に後足《あとあし》で砂をかけた後ろめたさから、学科の同窓会には参加しなくなった。近況調査の手紙にも返信をしないから、おそらく同窓会の事務局が持っているデータで僕は「博士課程中退後は行方不明」として扱われていることだろう。

大学生活の終盤には挫折感しかないのだが、そんなこちらの事情などお構いなく、東大卒の学歴は人との関わりのなかのあらゆるシーンで、僕の最大のレッテルとして機能する。

そんなことは望んでいないのに、まるで呪いだ。

僕たちが出身大学を問われたときに「一応、東大です」と言うのは、自分のことを東大に見合うだけの人間だと思っていないからだ。

「東大卒」のレッテルを上書きするほどの成果を仕事や趣味の活動であげ、その実績がまわりにも認知されたとき、僕たちははじめて「東大」の呪縛から解き放たれるのだろう。

しかし、それは並大抵のことでは果たされない。それほど、この呪いは強力だ。

第2部では、そんな「東大の呪い」に翻弄《ほんろう》される数々の人生のエピソードを綴《つづ》っていく。

第2部

東大に人生を狂わされた人たち

第3章　東大うつ

午前3時の「死にたい」LINE

「死にたい」

——「またそれか」

「ごめんね。でも、死にたい」

——「死んだらいかんよ。僕、加瀬くんが死んだら、しばらく体調を崩して寝込んじゃうよ」

「……うん」

——「会社に行きたくないの？」

「うん」

——「なんで？」

「仕事がつらすぎる。ストレスがすごい。勤務中は常にプレッシャーを感じていて息がつまる。意地悪な先輩もいる」

――「でも、加瀬くんのとこメガバンクじゃん。仕事は激務でもそのぶん給料はいいでしょ」

「しょせん都銀だし世間に思われているほど給料はよくないよ」

「なんのために働いているのかわからん。なんで銀行なんて入ってしまったんかな。頭がグチャグチャしてなにも考えられん」

――「明日、というかもう今日だけど、取りあえず仕事は休めば？」

「休むには上司に電話せないかん」

――「電話すればいいじゃない」

「無理」

――「ちゃんとした会社なら有給があるでしょ。それを使うのは労働者の権利でしょ」

「有給なんて使える空気じゃないのよ」

――「『働き方改革』はどうなってるの？」

「それで余計にキツくなった。残業が禁止になって勤務時間中に仕事を終わらせないといけなくて、昼飯を食う暇もない。タバコを1本吸ったら昼休みは終わりだよ」

――「そりゃ大変だ。人間、三食ちゃんと食べないといかんよな」

「心臓がバクバクして眠れん。医者に睡眠薬を強いのに変えてもらったんだけど、全然効かん」

「あああ……頭が痛い」

「ああああああああああああ」

――「実際に体調が悪いんだから、朝になったら上司に電話して仕事は休みなよ。その後しっかり寝直して、昼ごろに起きればいいと思うよ」

――「起きた後、家でじっとしているのもよくないだろうし、喫茶店にでも行きなよ。好きでしょ、喫茶店。誰かとおしゃべりしたいって言うなら、夕方からなら付き合うよ」

「休めるわけがない」

――「加瀬くんが休んでいても誰も気にとめないよ。人は他人のことにほとんど興味はないんだから。他人の目なんて気にするなよ」

「評価が下がる」

――「出世したいの?」

「わからん。なにもわからない」

――「健康がなによりも大事でしょ。万全の体調でいることを徹底していた方が、結果としていい仕事ができるよ」

「不健康になって死にたい」

「今この瞬間に頭の上に北朝鮮のミサイルが落ちないかな。一瞬で殺してほしい」

「あかん、今、めっちゃ死にたい。ちょっとヤバいかも。ドアノブにタオルを引っかけて首を吊るイメージが浮かんでくる」

――「希死念慮が出てるじゃない。加瀬くんおそらくメンタルの病気になっているから、できるだけ早く専門の病院に行きなさい」

「……あああ、空が明るくなってきた。一睡もできてない。死にたい」

「今トイレ行ったら下痢やった。実は今週もう3回もうんこを漏らしてる」

――「うんこは漏らすでしょ。言わないだけでみんな漏らしてるよ。僕もたまに漏らすし」

「この間はタクシーのなかで漏らした」

――「それはよくないな」

「……」

「そろそろ出勤の準備をするわ。休むって電話はとても無理」

──「まだ6時だよ」

「職場近くの喫茶店で心を整える時間がいるのよ」

──「寝てないじゃない」

「よし、会社行こ！　自殺はいつでもできるし！　電車を止めたらごめんね」

──「だからそういうのやめなって。今日は休むって電話を入れて、家でゆっくり寝てなさい。それで、予約してなくても必ず病院に行きなさい。僕からのお願いね、これ。友だちのお願いだから、ちゃんと聞いてね」

東大法学部からのメガバンク

このやりとりは、僕が東大に入学したときからの友人である加瀬良介《かせりょうすけ》くん（37歳）と、ある年の夏にLINEで交わしたものだ。

加瀬くんは大阪府出身。中高一貫の私立校から東大文一に入った。東大法学部を卒業した後、邦銀のメガバンクに就職してバリバリ働いていた──はずなのだが、いつのころからか、彼はなにかにつけて「仕事がつらい。もう死にたい」と口にするようになった。

そのうち、月に数回の頻度で、午前3時ごろに加瀬くんからＬＩＮＥの着信があり、ぽつぽつとした「トーク」が朝の6時ごろまで続くということが起きるようになった。先に書いたものと同じようなやりとりは、それまでにもう何度となく繰り返されていたのだった。

このころの僕は午前6時に寝て午後1時ごろに起きるという昼夜逆転生活を送っていた。昼よりも夜の方が原稿の執筆がはかどるので、自然と寝起きする時間がそうなってしまったのだ。

午前3時ごろの僕は起床してから12時間以上がたち集中力もほぼ切れている。起きてはいるが仕事はしていない。友人である加瀬くんはそのことを知っていたので、一般的には非常識とされる時間帯の話し相手に僕は打ってつけだったのだ。

床に就く前の数時間、ＬＩＮＥでダラダラと友人とやりとりをするのは、その内容が一方的に仕事のつらさを語られるものであっても、さほど苦ではなかった。一人暮らしの在宅ワーカーにとって、人と会話をする機会は貴重なのだ。

共依存にならないように、それと、加瀬くんも僕と同じく独身で一人暮らしをしていたので「いよいよになったら親御さんの連絡先を聞き出して、彼の現状を知らせてあげないといけないな」と注意は払っていた。

ただ、彼の口癖はずいぶんと前から「死にたい」だったし、休日に遊びに誘えば出てくるし、さらにいえば、LINEのトーク中に「三点リーダー（…）」を使って沈黙を表現するくらいには精神に余裕があるようなので、まだ大丈夫なのだろうとも思っていた。

ところが、先のやりとりから3カ月ほどがたったある冬の日、加瀬くんはついに無断欠勤をすることになる。その日、目が覚めると指一本動かせなくなっており、会社に電話をすることもできなかったという。夕方になって心配した上司が家に様子を見に来るまで、彼はじっと布団に横たわり、ただ天井のシミを見ていたそうだ。

その後、加瀬くんは銀行お抱えの産業医に「この人間はうつ病のため約半年間の自宅安静での加療が必要である」との診断を下され、人事部から半年間の休職を命じられてしまった。

休職中の加瀬くんとは何度か会った。友人として「今の仕事が嫌ならいっそ転職をしてはどうだろうか。君の学歴と経歴ならそれほど難しいことではないはずだ」などと無責任なアドバイスもしていたが、彼は半年後に元の職場に復帰をした。

相変わらずなにかにつけて「死にたい」と口にしているが、復帰後は休まずに職場に通えている。

うつ病がひどいころは明らかに表情筋の動きが鈍く、目は生がきのようにドロッと濁り、なんでもないタイミングでふいに涙を流したりしていたが、今ではずいぶんと顔色もよくなっている。

この本を書くにあたり、改めて加瀬くんに当時のことを聞いてみることにした。なぜなら、彼がうつ病を患った「銀行」という職場は、東大の学部卒業者にとって大変メジャーな就職先だからだ。

落ちこぼれる先として選んだ銀行

「万が一にも同僚に会ったら嫌だから」という理由で、加瀬くんの勤務先からは離れた場所にある喫茶店で仕事あがりの彼と落ち合って話を聞いた。

もう20年近い付き合いになるが、改まって仕事としてインタビューをするとなると、なにやら気恥ずかしいものがある。仕事でうつ病になった彼にとってはデリケートな話題ということもあり、僕は少々緊張しながら、できるだけ軽い口調で話を切り出した。

「東大生ってやたらと銀行に就職するよね。なんで？」

東京大学新聞が毎年発表しているデータによると、東大の学部卒の就職先トップは三井住友銀行である。三菱ＵＦＪ銀行やみずほフィナンシャルグループも毎年上位にランクインしている。銀行は東大生に圧倒的に人気のある就職先なのだ。

「まず、銀行といっても邦銀と外銀で話はだいぶんちがう。外銀は狭き門だよ。経済学部卒のなかでも特にできるエリートしか行けないところだね」

外資系金融機関は日本型終身雇用のような安定性は望めないが、そのぶん給料は高いし専門的なスキルも身につきやすい。

スキルが身につくということは、転職しやすいということでもある。自らの能力を武器にして業界を渡り歩いていく生き方は格好よく、外資系の金融機関やコンサルタント企業は東大のなかでもとりわけトップ層の学生に人気の業種である――麻雀仲間の小林さんから後にそうレクチャーを受けた。

「俺が就職したのは都銀。東大からなら誰でも行けるところだね。そもそもなんで俺が都銀に就職したかというと、東大文一に入った後に遊びすぎちゃったからなのよ」

一緒に遊んでいたから知ってるでしょ？　そう言って加瀬くんは笑った。

東大卒の就職先ランキング（2018年度学部卒業者）

順位	民間企業	業種	人数
1	三井住友銀行	銀行業	22
2	アクセンチュア	サービス業	17
3	三菱UFJ銀行	銀行業	14
	東京海上日動火災	保険業	14
5	三菱商事	卸売業	13
	日本政策投資銀行	銀行業	13
7	NHK	情報・通信業	12
8	伊藤忠商事	卸売業	10
	住友商事	卸売業	10
10	楽天	サービス業	9
11	デロイト　トーマツ　コンサルティング	サービス業	8
	三井住友信託銀行	銀行業	8
	三井物産	卸売業	8
	日本生命	保険業	8
	野村証券	証券、商品先物取引業	8
	みずほフィナンシャルグループ	銀行業	8
17	JR東海	陸運業	7
	NTTデータ	情報・通信業	7
	アビームコンサルティング	サービス業	7
	プライスウォーターハウスクーパース	サービス業	7
	三井不動産	不動産業	7

順位	中央省庁	人数
1	国土交通省	17
2	外務省	15
3	総務省	13
	警察庁	13
5	経済産業省	12
6	財務省	11
7	農林水産省	7
8	厚生労働省	6
9	金融庁	5
	環境省	5

（出典：東京大学新聞）

たしかに。僕らは駒場に通っていた1、2年生のころ、留年しない程度に講義に出て、試験前にはそこそこ勉強もしていたが、基本的にはサークル活動に飲み会にと、大学受験から解放された喜びのままに遊びほうけていた。

しかし、充実したキャリア形成において東大合格は単なるワンステップでしかない。大学からの勉強こそが重要だ。肝心なのは東大に入った時点でそのことにきちんと気づいているかどうかで、それによって後の人生はかなり変わってくる。

「文一に入って進振りで法学部に進学すれば、官僚か法律家（弁護士、検察官、裁判官）になるというのがいわゆる王道だよね。

法学部の学生できちんと先のことを考えている人は、大学とは別にLEC（LEC東京リーガルマインド）やTAC（TACWセミナー）といった公務員予備校に通って、国家公務員I種試験（現・国家公務員採用総合職試験）や司法試験に向けた勉強をするんだよ」

それらの試験の難易度は、東大入試よりもはるかに高い。人事院の発表によれば、2019年度の国家公務員採用総合職試験の倍率は、大卒程度試験で13・5倍という超難関だ（合格者数のトップは東京大学）。司法試験については言うまでもないだろう。

大学の講義ではその手の試験について一切フォローがされていないので、自分で計画的に受験勉強をしないといけない。そのため、官僚や法律家を目指す学生の多くは、大学とは別に受験対策を専門とする予備校にも積極的に通うのだった。

「俺は一年浪人をして東大に入ったから、受験勉強はけっこうキツかった。つらい大学受験をようやく終えて東大に入った後に、もっとつらい試験の勉強をするのかと思うと、うんざりしたんだよね」

結局、加瀬くんは早々に「王道」を諦めてしまった。東大受験を終えた時点で彼は「燃え尽きていた」と言えるのかもしれない。

「俺みたいに、大学生活を送りながら受験勉強を頑張る根性のないやつが銀行に就職するのよ。

金融業界って新卒を大量採用するうえに学歴をかなり重視するんだよね。邦銀のメガバンクや大手生損保も東大の新卒ってだけで簡単に内定がとれるんだよ」

試験に落ちて留年や浪人をするものもいるが、一足先に社会に出て活躍する同級生の話を聞きながら、次に受かる保証のない試験勉強を続けるのは精神的につらい。また、浪人生活を支える経済的な余裕も必要だ。

そのため、一度は官僚や法律家を志したものの、その道のあまりの険しさに挫折して銀行に就職するものは多いという。

「ただ、加瀬くんみたいに後ろ向きな理由で銀行に入る人ばかりじゃないでしょう？」

銀行を就職先として選んだ東大生の全員が全員、そんな理由で銀行を志望しているとは思えなかった。

「経済学部から銀行に行こうという人には、それなりの志があるのかもしれないね。お金で社会を回す仕事をしたいと考えている人もいるだろうさ。ただ、法学部の学生にかぎっては後ろ向きな理由が多いと思うよ。

俺もそうだったんだけど、東大法学部の人間は『公』と『民間』の線引きを強く意識するのよ。それで、民間を公より一段か、下手をすれば二段くらい下に見てる。口には出さないけど、法学部の人間はみんなそう。

一部上場企業勤めのサラリーマンが、職場の清掃員を見下したりするでしょ。あんな感じだね」

理系と文系、学部や学科によってこのあたりの価値観はずいぶんとちがう。例えば、僕が学生時分に所属していた農学部のマイナー学科では、一部上場企業に就職できただけでも立派とされていた。非常にデリケートな細胞の培養方法を世界ではじめて確立させた優秀な先輩が、修士課程を修了した後、就職先がなくて専門分野とはまったく異なる不動産業界に行くということもあった。

「他学部のことは寡聞《かぶん》にして知らないけど、俺たちの文化では東大法学部を出ていて民間に行くようなやつは『落ちこぼれ』なのよ。

それで、自分が落ちこぼれる先としてまだ許せる、世間一般に対して体裁がとれる、そういう就職先が銀行なんだよね。

民間企業のなかでは給料がそれなりに出る方だし、福利厚生もわりと手厚い。なにより、会社の規模が大きいのがいいよね」

「組織が大きいから銀行を就職先に選んだってこと？」

「うん。働くならとにかく大きな組織がいいね。そうそうつぶれなくて安心だから。

俺だって本当は銀行よりもずっと大きな『国』という組織で働きたかったさ。でも、そのための努力ができなかったから、『民間』のなかでは大きい機関である銀行で働こうと思ったんだ」

「やりたいこと」が見つからなかった

先にも書いたが、東大生には「自分で敷いたレールよりも先人によって敷かれたレールの上を走りたい」という人が多い。既存のレールの上を走ることはその学習能力の高さから得意だし、先を予測しやすいから安心でもある。

このことは自らが働く会社にもあてはまる。先人によって安全性の高いレールがすでに敷かれてある会社——つまり、大企業だ。会社が大きければ、不意の倒産などでそのレールが途切れる可能性は低い。

加瀬くんは、「そもそも自分には『やりたいこと』がなかった」と言った。

「小中高のころってさ、親や教師に言われるままに勉強して、試験で点をとっているだけでほめてもらえるじゃない。ほめてもらうために点をとり続けて、行き着いた東大入試で合格点をとることができたから、東大生になれた。だけど、その過程で自分の夢のようなことは、一切考えてこなかったのよ」

僕たちは小さいころから、さまざまなタイミングで、「やりたいことを見つけなさい」

とは言われてきた。しかし、東大を受験しようとするものの多くは、東大に入ることが最優先事項である。やりたいこと、夢、人生の意義……そんなものは、東大に受かってからの話だ。

僕が高校時代に通っていた予備校でも「東大には進振りという制度があって、進路の選択に入学から2年間の猶予がある。『やりたいこと』は東大に受かってから考えればいい。だから今は試験に合格することだけを考えろ」と教えていた。

しかし、その2年間の猶予を与える進振りというシステムが、「やりたいことがやれなくなる」という危険性も孕《はら》んでいることは、第2章で書いたとおりだ。

また、日本一の大学である東大なら、「やりたいこと」なんて簡単に見つかるだろうと考えていたが、実際に東大に入っても「やりたいこと」がまったく見つからないという人も多いのだった。

「別に銀行の業務に憧れなんてなかったのよ。究極の本音を言えば、働きたくない。普通の人はそうでしょう？　採用面接では『御社の仕事は社会の潤滑油です。すばらしいと思います』って大きな声で宣言したんだけどね。

俺の『やりたいこと』は東大を受験して合格することだけだったのかな。そういう意味ではとっくに夢はかなっていて、後の人生はただ消化試合をやっているだけなのかもしれないね」

そんな投げやりなことをいって、加瀬くんは自虐的に笑った。

銀行で優遇される東大卒

銀行のなかで、東大卒の人間はどのような立場に置かれているのか。

「銀行という組織にはあらゆる学歴の人間がいるんだよ。むかしは高卒の人間だって採用していた。例えば、俳優の竹内力《たけうちりき》は三和銀行（現・三菱ＵＦＪ銀行）に就職しているんだけど、彼は高卒なんだよね。

東大卒の学生が銀行に就職しようとするとき、相対的に学歴が高い自分たちは職場で優遇してもらえると考えていると思うよ。働き方のイメージとしては、最前線で使いつぶされる歩兵じゃなくて後方にいる指揮官だね」

「実際に東大卒だと優遇されるの？」

「されるよ。東大卒を優遇するシステムは、実際にしっかりと稼働している。

うちの銀行は支店が４００ほどあるんだけど、それぞれの支店に『店格』というものがあって、学歴が低いやつは最初から店格が低い支店に配属されるんだよね。逆に学歴が高いやつは、本部や店格が高い支店に配属される。

店格が高い支店にいる行員の方が出世しやすいのよ。出世コースとされている本部の部長は東大卒ばかりだし、代々の支店長がすべて東大卒の支店もあるよ」

加瀬くんの勤めているメガバンクは、グループ全部で3万人、本部ビルに５０００人の行員を抱えている。彼が働く支店には行員が約１００人いるが、そのなかに東大卒は多いときで3人ほどしかいないという。東大卒の就職先として人気があるといっても、組織が大きいから、東大卒の行員の割合は少ない。

加瀬くんは実際に銀行に就職するまで、「職場には同じような学歴で、話の合う仲間が大勢いるだろう」と考えていたそうだ。しかし実際に入行してまわりを見回してみると、高学歴の人間はポツリポツリとしか見かけなかった。逆に、「低学歴でかつ体育会系の人間」の割合が多かったという。

「銀行に入って最初の1年は研修が頻繁にあって、なにかとテストを受けさせられるのよ。そのテストの点で出世のレールに乗れるかどうかもある程度は決まるんだけど、東大卒はテストが得意だから圧倒的に点がとれる。発表されるテスト結果を見ていると自分の半分も点をとれない連中がバカに思えてくるし、実際にバカなんだよね」

東大卒とその他の学習能力の差は、文書を作成する仕事で特に分かりやすいという。

「後々トラブルになったときのために、客とのやりとりを文章で詳細に記録して上に報告するという仕事があるんだけど、この報告書を、例えば、MARCH（明治大学、青山学院大学、立教大学、中央大学、法政大学）卒のやつらが作成すると、まぁ、びっくりするほど日本語になってないんだよね」

先にも書いたが、東大生は受験勉強を通じて論理的な文章を書く能力を鍛え上げられている。文書作成は僕たちの得意分野だ。だから余計、他人の文章のあらが見えてしまう。

「提出された報告書を高学歴の課長が読んで『まともな文章を書いているの、加瀬だけじゃないか！　加瀬以外は幼稚園児か！』って怒鳴るなんてことは、日常茶飯事だよ」

デスクワークだけをしていたい

高学歴が優遇される銀行に就職して、加瀬くんは安心・安全な環境を手に入れたはずではなかったのか。なぜうつ病になり、半年の休職をせざるをえなかったのか。

「……あー……仕事の内容が合わなかったんだと思う。理想と現実のギャップかな。考えが甘かった。

　東大卒だからって、必ずしも自分の机の前で頭を使っているだけで済むような仕事ばかりをやらせてもらえるわけじゃない。学歴があるから指揮官を任されると思っていたら、歩兵にまわされたんだよ。泥臭いリテール営業（中小企業・個人向け営業）を担当させられて、そのストレスでメンタルがおかしくなった。

　今はいくらかマシにはなったけど……一時期は一刻も早く死んで楽になりたかった。ドアノブにタオルを引っかけて首を吊ろうとしたこともあるし、コツコツとため込んだ大量の処方薬をアルコールと一緒に飲んでみたこともある。まぁ、当時は完全に頭がおかしくなっていたんだけど、東大まで出ていて情けないね……親には心の底から申し訳ないと思うよ」

　答えにくい質問だったと思うが、しばしの沈黙の後で加瀬くんはそう打ち明けてくれた。

「バブルが崩壊した後、銀行を取り巻く環境も大きく変わっていたんだ。就職をする前にそのことは情報としては持っていたんだけど、軽く考えてしまった。その結果がこのありさまだよ。

予備校講師の林修《はやしおさむ》は東大法学部を卒業して日本長期信用銀行に就職したんだけど、つぶれそうだと感じて半年もせずに退職したんだって。一度就職した会社を辞めるというのは勇気がいることだと思うけど、先見の明があるよねぇ」

かつて、銀行には黙っていてももうかる時代があった。しかし、日本経済の停滞に伴い、今やその経営は年々厳しさを増している。事実、加瀬くんが勤める銀行も経営が苦しくなりはじめており、数年前から社員の年金が減らされているという。

そんな状況のなか、銀行間の競争は激化の一途をたどっている。新しいネット銀行が雨後のたけのこのようにポコポコと出てきて、客を奪い合っている。たとえメガバンクであっても、全行を挙げて必死の営業をしないとつぶれてしまうのだ。

「一人でも多くの客を捕まえないといけないんだけど、その客の相手をするのが本当に疲れるのよ。ほら、東大生ってたいていコミュ障（コミュニケーション障がい）じゃない。俺もそうだし、池田もそうでしょ。少なくとも勉強ほど人とのコミュニケーションは得意じゃないよね」

不本意ではあるが、認めざるをえない。実際、僕も人疲れはかなりする方なのだ。たまの取材などで人と相対して気を張ると心身が疲弊してしまい、その翌日はたいてい床に突っ伏して終日寝ている。

自分の対人ストレス耐性の低さを自覚しているから、あまり他人と接する必要のない仕事として今の書籍ライター業を選んだというのは、それが理由のすべてというわけではないが、一部ではある。

「むかしは銀行員の方が客よりも圧倒的に偉かったのよ。こっちが黙っていても、客が勝手にペコペコして金を借りにきてくれた。だから、客に必要以上に気を遣わなくてよかったのよね」

「半沢直樹《はんざわなおき》の世界だね」

「半沢直樹」は池井戸潤《いけいどじゅん》の小説を原作とした同名の銀行員を主人公とするテレビドラマだ。主人公・半沢直樹の敵役《かたきやく》である大和田《おおわだ》常務を演じた香川照之《かがわてるゆき》（東大文学部卒）の主役を食う快演がその強烈なインパクトで話題になった。

主人公の父親が経営するネジ工場への融資打ち切りを宣言したのが、若き日の大和田だ。雨のなか、腕にすがりついて融資を懇願する主人公の父親を冷酷に突き放すシーンが印象的だった。

「むかしは銀行員の方が客よりも圧倒的に立場が上で、本当にあんな感じだったらしい。でも、今は銀行員が客にすがって『どうか融資をさせてください』と嘆願しなくちゃいけない。中小企業のチンピラみたいなオーナーにお願いに行くときなんて最悪だよ」

営業で訪問した先では、そういう客から延々と無意味な嫌がらせとパワハラを受けることがままあるそうだ。

僕も出版社で働いていたころにその類いのパワハラを受けたことがあるので、つらさはよく分かる。ある書籍の編集中、制作費の援助を約束してくれた著者の知人から突然呼び出され、協賛の撤回をチラつかされながら「本の内容が気にくわない。お前の土下座が見てみたいから土下座をしてくれないか」という理不尽な要求をされたのだ。

「こういう理不尽な場で土下座ができたら、人間として一皮むけるのだろうか」とも思ったが、どうしてもプライドが許さず、最終的に著者に訴えて場を収めてもらったが、その筋の悪い協賛者のプレッシャーにさらされている間のストレスは半端なものではなかった。

その人がなにを考えていたのかいまだに理解できないのだが、世の中には無意味に高圧的で横暴な人間というのがいて、そういう人間と長時間相対していれば、よほど対人ストレス耐性が高くないかぎりメンタルがゴリゴリと削られていく。

僕たち東大卒は小中高と一人で机に向かっている時間が長かったから、コミュニケーション能力は決して高くはない。どちらかというと、世間の平均よりも貧弱な方だろう。対人ストレス耐性も同様だ。

「リテール営業では、会社の社長や資産家の家を一軒一軒訪問して、保険や投信の購入をお願いするんだけど、これはもう、飛び込みでマンションを売っているのと変わらないよね。無駄足になることが多いハードな仕事だよ」

飛び込み営業は、コマンダーではなくソルジャーの仕事だ。そういう仕事は東大を出ているような人が圧倒的に苦手とするものである。

後日、人材コンサルタントの小林さんに聞いたのだが、実際、その類いの営業職に東大卒は非常に少ない。基本的に生き残れないのだそうだ。

最初から経営戦略の立案や金融商品の開発といった部署に配属すれば銀行にとっても当人にとっても幸せだと思うのだが、後々そのような頭脳労働部署にピックアップするにしても、必ず何年かは現場を経験させせられるという。

「銀行の本体は、支店での法人融資や個人に保険や投信を買ってもらうといった現場なんだよね。本部機能は全体の業務のなかではほんの一部でしかないから、指揮官の数は常に足りている。

だから、東大から入ってきた人間にも現場営業をやらせる。それが銀行のメインの業務なんだから当然だよね。ただ、東大を出ていたらそういう仕事は回ってこないと思っていたんだよなぁ」

そして、加瀬くんは振り絞るような声でこう呟《つぶ》いた。

「俺はさ、デスクワークだけをしていたいのよ……」

東大卒に机で書類をつくらせれば優秀な働きをみせることだろう。逆に、机を離れて知らない人と積極的にかかわりに行くような対人営業をやらせても期待されるほどの成績はあげられない。僕たちのコミュニケーション能力は決して高くないのである。

東大卒の貧弱な対人関係スキル

「客から受けるストレスも苦しかったけど、社内で成績を評価されるのもキツかったね。俺が並の数字しかあげられないなかで、MARCH卒の『学生時代はイベサー（イベント系サークル）やテニス部でひたすら楽しんでいました』みたいな連中が、口のうまさと体力に任せてガンガン数字をとってくるんだよ」

幼稚園児みたいな文章を書く人たちが、しかし実際のところ、営業部では大活躍しているという。

「連中はろくに読み書きができない。でも、人に頭を下げることが苦でないし、愛想もいい。おべんちゃらも使える。愉快なトークもできる。理不尽なパワハラをスルーするスキルも高い。だから、客を簡単に口説き落として融資を取り付けてくるし、保険もたくさん売ってくるんだ。

ウェイ系っていうのかな。銀行って転勤が多いから歓送迎会も多いんだけど、そういう飲み会で場を盛り上げるもの彼らだよね。彼らがいい年して二十歳《はたち》のガキみたいに『ウェーイ！　ウェーイ！』って騒いでいるとき、俺みたいなのは端っこで静かに目立たないようにしているよ」

要は、そういう人たちはコミュニケーション能力が高く、会話における反射神経がすごくいいのだ。往々にして場の空気を読む能力にも長けているので、軽快なトークで重苦しいシーンをパッと明るくさせることも得意である。

「俺らって人と会話するときにむちゃくちゃ頭を使うじゃない。会話のキャッチボールで一球投げるごとに、頭のなかにある情報をすべて引っ張り出して、検討して、最善だと思われることを話そうとするよね。でも、テンポの速い会話でそんなことをしていたら情報処理が追いつかない。

俺なんかは訪問営業をする前に、想定される会話をぜんぶ紙に書き出してみて、場を和ませる冗談まで考えて、それらを暗記してから行くのよ。でも、生粋のソルジャーは営業トークが脊髄《せきずい》反射でこなせてしまう。

日常会話をするだけで、連中には単純にコミュニケーション能力ではかなわないと思い知らされるね」

僕たちは論理的な読み書きといった言語スキルは高いが、他人との会話やコミュニケーションといった対人関係スキルでは世間の平均値にもおぼつかない。

「話が面白くない」「難しいことしかいわない」「一呼吸でしゃべりすぎ」「人の気持ちが分かっていない」「なにを考えているのか分からない」「態度が冷たい」「協調性がない」「挙動が不審」……これらは、僕たちがなにかにつけて言われてきた言葉である。もし今この本を読んでいるあなたが東大生や東大卒業生なら、身に覚えのある人もいることだろう。

僕たちが独りで机に向かってシコシコと受験勉強をしていたときに、大勢の人間と一緒に運動したり遊んだりしながら対人関係スキルを磨いていた人たちがいる。東大から社会に出てはじめて、僕たちはそのことに気づくのだった。

「民間企業は稼いでなんぼでしょ。そんな職場で、まともな文章一つ書けないバカだと思っていた連中が、俺なんかよりずっと稼いでくる。

営業成績が張り出されて、みんなの前で上司に『短大出のあいつがあれだけの数字をあげているのに、天下の東大を出ているお前の数字はなんでパッとしないの？　やる気が足りないのかな？』なんて詰められると、プライドはズタズタだよね。今でも思い出すだけで死にたくなる」

並程度の営業成績をあげられなかった加瀬くんは、大勢の同僚の前で上司から何度も叱責を受けた。並の成績ならそれでよさそうなものだが、東大卒というだけで要求される数字が大きくなるのだという。

結局、学歴があるうえで数字もあげる人間が銀行のメインストリームで出世していく。

「ただ、そういう人は『スーパースター』のようなもので、並の東大卒よりも明らかに能力が高い。俺なんかは有象無象《うぞうむぞう》の東大卒だからね……いや、人よりもずっと根性がないから、東大卒としては底辺かな。だから、営業仕事のキツさにメンタルがもたなかったんだろうね」

加瀬くんは自虐めいてそう言った。

慶應卒にいじめられる

「もうひとつ嫌だったことを挙げるとすると、いじめだよね。けっこうひどかったよ」

一般的に、ある程度の数の人間が集まればいじめは必ず起こるとされている。しかし、加瀬くんが勤めるようなちゃんとした会社では徹底された社内コンプライアンスが大きないじめの発生を防いでいる——そう僕は思っていた。

「職場は常に空気がギスギスしているよ。仕事がキツくて、みんなストレスをためているんだよね。そんななかで東大卒は昇進とかでなにかと優遇されるから、他大卒の人たちの妬《ねた》み嫉《そね》みの対象になりやすいんだよね」

自分たちの方が外で稼いでくるのになぜあいつは東大を出ているというだけで——そういった悪意に加瀬くんはしばしばさらされたという。

「具体的にぶっちゃけてしまうと、慶應を出ている2人の先輩からの嫌がらせが陰湿でキツかった。いろいろとやられたよ」

業務で話しかけても一度目は必ず無視される。目が合うたびに舌打ちをされる。うっかり脚をぶつけたという体で机を蹴られる。ほかの同僚たちの前で仕事のミスを何時間も責められる。名前ではなく「東大生」と呼ばれる……一つひとつはささいな嫌がらせでも、コツコツと続けられたことで加瀬くんの心には着実にダメージが蓄積した。

これらの行為は金品の脅し取りや直接的な暴力とはちがって、告発されても「故意ではない」「誤解だ」「彼のためを思って指導していた」などという言い逃れが可能だ。社内のハラスメント相談窓口に通報されても、一度のことなら口頭注意で済んでしまうらしい。つまり、一発で「レッドカード」をもらってしまうようないじめよりも、狡猾《こうかつ》でタチが悪い。

加瀬くんは、自分をいじめた2人がともに慶應義塾大学の卒業生だったことを偶然ではなく必然だと考えていた。

「偏見と言われるだろうけど、慶應卒には東大卒を目の敵にしている人が多いように俺は思う。慶應って『私学の雄』とされているけど、東大卒の前ではそのプライドが傷つくのか、彼らからは常に敵意のようなものを感じるんだよね」

加瀬くんが働く銀行で役員の第一勢力を占めるのは優秀な東大卒だが、それに肉薄して第二勢力をつくっているのは慶應卒の人間なのだそうだ。であれば、東大出身者をなにかとライバル視する慶應出身者がいてもおかしくはない。

「慶應の連中はやたらと同窓でつるむのが好きで、銀行のなかにも同窓会をつくっているんだよね。よく慶應卒で集まって飲み会をやってるよ。対して、俺たち東大卒は一匹おおかみが多いじゃない。飲み会なんかもやらないし、そもそも大人数での飲み会は嫌いだし。仲間とわいわいしているのが好きな連中は、一人でいるようなやつが気にくわないいんじゃないかな。もともと、相性が悪いんだよ。正直に言うと、俺だって慶應的な人づきあいは苦手だもの」

たしかに、僕が知る範囲でも慶應の塾員（慶應では学生を「塾生」、卒業生を「塾員」と呼ぶ）には明るくて社交的な人間が多い。

附属校からエスカレーター式にあがってくる内部進学組、大学からの一般入試組、推薦入試組、帰国生入試組……慶應大学内には多様な出自の塾生がいる。

彼らは大学を卒業した後も「日本最強の学閥ネットワーク」との呼び声が高い「慶應三田会」に所属して盛んに親睦している。このような多様な個性とのつながりを重視し、同窓生同士で生涯にわたって助け合う校風によって彼らの社交性は培われている。

「最悪なのは、人をいじめるような連中って営業で数字をとってくるんだよ。意地の悪い慶應卒の先輩たちも、営業成績はかなりよかった。だから、俺は余計にみじめになるんだよね」

　人間関係での位置取り、相手のアクションに素早く対応する反射神経、場の空気の読み方、人の心を動かす言葉選び……いじめのうまさとコミュニケーション能力の高さは通じるところがある。だからといって、コミュニケーション能力が高い人のすべてがいじめをするわけではもちろんないけれど。

「先輩のうちの一人は、学生のときにネットワークビジネスをやっていたんだって。飲み会で当時のエピソードを披露して笑いをとっていたよ。

　都内のルノアールでくつろいでいると、時々ネットワークビジネスの勧誘現場に出くわすじゃない。しばらく聞き耳を立てていれば分かるんだけど、勧誘している側もされている側もたいてい慶應の学生なんだよね。

　あんなものはろくな商売じゃないんだけど、学生のころからバリバリに営業の現場に出ていたってことでしょ。そんな人の営業スキルに、コミュ障の俺がかなうわけがないんだ」

反例なら挙げられたのだが、僕は一言「なるほど」とだけ返した。少なくとも、加瀬くんが同じ職場にいる2名の塾員からいじめを受けていたのは事実なのだ。彼の心情を考えれば、その意見がいくらか偏るのは無理からぬことだと思った。

幸いなことに銀行は内部での異動が激しい。行員が特定の客と癒着して悪さをしないように、約3年おきに転勤をさせられるのだそうだ。休職していた加瀬くんがようやく職場に復帰したときには、彼を執拗《しつよう》にいじめていた2人の先輩はすでに別の支店に異動していた。

「慶應卒の人たちが転勤して、ずいぶん楽になったよ。会社でのストレスは半分になった」

やれやれという表情を浮かべながら加瀬くんはそう言った。

東大卒が病むのはどんな仕事か

加瀬くんには最後に、今の仕事のやりがいを尋ねてみた。

ほかの仕事よりも多少なりともやりがいのようなものがあるから、うつ病になった後も転職せず、元の職場に復職したのではないのか。

「強いていうなら、『俺たちは社会の血液なんだ』という思いはあるかな。ありとあらゆる業態の会社と取引があって、それらの経営に直結しているのが銀行だよね。

過去に自分が頑張って融資を通した会社が、何年かたってしっかりと成長しているのを見ると、やっぱりうれしいよ」

なんだ。ちゃんとやりがいもあるじゃないか。

「ただ、うれしいことの何百倍もつらいことの方が多いよね。池田は転職を勧めてくれたけど、すでにメンタルがやられてしまっていたから、転職をする気力がわいてこなかったというのが実際のところだよ」

加瀬くんは銀行に対して「準役所」という漠然としたイメージを持っていた。東大の学歴をもって銀行に入れば淡々としたデスクワークだけが与えられると思っていた。しかし、そんなことはなかった。

「考えが足りなかったなぁ……」

そうしみじみと言って、加瀬くんは大きく息を吐いた。

「銀行への就職を考えている東大生が多いという話だけど、その人たちには、入った後に自分が泥臭い営業をやらされることも想定しておいてほしいね。

東大を出ているような人にとって、その手の仕事はむちゃくちゃキツいはずだよ。下手をすれば俺みたいに病む。

『コミュ障なので営業はやりたくありません』なんて勝手は通らないよ。サラリーマンにとって会社の命令は絶対だから。

そこまで考えて、それでも銀行に入りたいっていうなら好きにすればいいけど、そうでないなら『やめとけ』と言っておきたいね」

途中に何度も長い沈黙をはさみながらのインタビューとなった。沈黙で居心地が悪くなるほど浅い付き合いでもないが、話が進むたびにどんどん表情が沈んでいく加瀬くんを見るにつけて、申し訳なさに僕の胸は痛んだ。

午後6時からはじめたインタビューだったが、もうすぐ終電がなくなろうとしていた。

第４章 東大ハード

東大生の官僚ばなれ

「久しぶりになりましたね。仕事、大変なんでしょう？」

「そうですね。ひどいものですよ」

２０１９年の暮れ、京都の西陣にある京料理屋で、川上隆《かわかみたかし》さん（39歳）と3年ぶりに会って食事をした。

川上さんは二つ上の先輩で、現在は某省庁で課長補佐を務めている。

川上さんも僕も農学部に所属し、「食」という共通の興味があった。二人ともおいしいものや珍しいものを食べるのが好きで、そのためには相応のコストを払うことをためらわない人間だった。

僕たちは学生の時分から「あの店はうまい」という評判を聞きつけては連れ立って食べ

に行ったし、時には、自分たちで食材を仕入れてどちらかの家に持ち込み、調理をして食べるということもあった。

川上さんは修士課程を修了して、今でいう総合職試験（旧・国家公務員I種試験）をパスし、面接を経て某省庁に入省した。いわゆる「キャリア官僚」だ。試験対策は、修士論文を書くための研究と並行して1年弱で済ませたという。彼は東大へは現役で合格していたし、学科での成績も優秀で、もらっていた奨学金の返済が全額免除されたと聞いていた。

一方で僕は、博士課程の途中まで大学にいて、その後、出版社に就職して4年ほど編集者として働いた後、独立して書籍ライターとなった。

お互いに社会人になってからも、僕たちはおよそワンシーズンに一度の頻度で「旬のおいしいものを食べる会」なるものを開いていたが、ここ数年ほどは、川上さんの仕事があまりにも忙しく時間がとれないということで、時々メールで近況のやり取りをするだけにとどまっていた。

このときは、僕の関西での取材と彼の京都出張とがたまたま重なるという幸運に恵まれた。ちょうどこの本を書いている最中だったので、東大生の卒業後の主要な進路の一つである「キャリア官僚」という仕事について取材をさせてほしいと頼んだのだった。

２０１９年に行われた東大入試では、これまで文系の国内最高峰であった東大文一が、合格最低点・最高点・平均点のすべてで東大文二に逆転されたということが、僕たち東大卒業生の間では話題になっていた。

東大文一の人気が落ちた理由の一つとして、官僚の職務環境の劣悪さが世間に周知されてきたことが挙げられている。

常軌を逸した長時間労働、国会議員や官邸からのパワハラまがいの指示、劣悪なオフィス環境、多発する自殺……漏れ伝え聞く話は悲惨なものばかりだ。

官僚を志望する学生の減少に連動して、文一の主な進学先としての法学部が学生に敬遠されているということだった。

この「東大文一の不人気化」が判明してからさして間を空けず、２０１９年の10月12日には、「大型の台風19号が首都圏に接近するなか、森裕子《もりゆうこ》参議院議員による参院予算委員会での質問通告が遅れ、多くの省庁職員が深夜まで答弁の準備を強いられた」ということが新聞で報じられた。

発端はツイッター上での複数の現職官僚と思われるアカウントからの異例の告発だったが、世間的にも大きく注目されるニュースとなり、「霞が関は大型台風が来ていても帰れないブラックな職場である」ということを改めて世間に知らしめることになった。

今、現役の東大生には「キャリア官僚はオワコン」を公言するものも多数いるという。

事実、そのトレンドを反映してキャリア官僚に占める東大出身者の割合は年々減少しており、ここ10年で約半分にまで落ち込んでいる。

官僚の仕事は人につく

久しぶりの再会に一通りの世間話をした後、先付けを食べ終わって人心地ついたところで、インタビューをはじめた。

実際のところ、キャリア官僚の職場環境はどのようなものなのか。国家の機密に携わる仕事ということもあり具体的なエピソードのいくつかは明かせないとのことだったが、川上さんには可能な範囲で話してもらった。

「霞が関の官僚の全員が全員、忙しいわけではありません。部署によるというのが大前提ですね。基本的には忙しい人がどんどん忙しくなります。その一方で、暇な人もいます」

霞が関ではみんな昼夜を問わず働いているのかと思っていたが、意外なことに暇な人間もいるという。ひとたび国家公務員になった人間は、よっぽどのことがないかぎりクビにはできない。そのため、早々に出世を諦めて人事部に「無能」をアピールすれば、自然と干されて大変な仕事からも逃げおおせるそうだ。

これは官僚としての矜持《きょうじ》を捨てた生き方ではあるだろうが、給料は在職年数と役職に応じて定められた額がきちんと支払われる。それでよしとしているものが、霞が関のどこの課にも2、3人、地方に行けばかなりの割合でいるとのことだった。

「とはいえ、みながみなボーッとしていては国がまわりません。必然的に能力のある人のところに、仕事がどんどん行きます」

そのなかでも特に東大出身のキャリア官僚はみんな忙しくしている印象があるという。

「東大卒の人たちの官僚としての能力が高いということもあるのですが、そもそもが何事においても責任感が強い人たちですからね。いろいろな仕事を引き受けてはやり遂げているうちに、『あの人が詳しいから』ということで新しい仕事が次々に回されるようになります」

仕事は本来組織でするものだが、官僚の仕事は「人につく」とよく言われる。人が足りないとか詳しい人がいないとか、そんな理由で現在の職務とまったく関係のない国際会議に駆り出されることもある。

バリバリと仕事をこなしていれば、当然、出世もしやすい。現在、内閣府と省庁全体で官僚のトップである事務次官等（事務次官・警察庁長官・金融庁長官・消費者庁長官）は16人いるが、うち13人が東大出身者だ。東大卒の官僚としての能力はだてじゃない、ということなのだろう。

「ただ、先ほどの無能をアピールして出世を拒んだ人は、ほぼ間違いなくお荷物として部署内で邪険にされています。針のむしろですよ。そんな職場に居座るには、相当な面の皮の厚さが必要です」

進むも地獄だが、退いてもそれなりの地獄があるということか。

月200時間超の残業で心も体もパンク寸前

キャリア官僚は、どのような働き方をしているのか。

「うちの部署では出勤時間を数パターンから選べるのですが、私はいつも午前9時30分に出勤しています。定時は午後6時15分です」

ただし、この「定時」なるものは「単にそういう言葉があるだけ」だ。

「正直、定時をすぎてからが仕事の本番という感覚です。昼間は会議のほか、上司や国会議員への説明に費やされ、夜になって本来の業務にとりかかります。

最近は感覚がまひしてきていて、その日のうちに提出しなければならない業務が終わり、時計を見て夜の9時ごろだと、『あと6時間も自分の仕事ができるぞ！』とうれしくなりますね」

すべての仕事が終わって家に帰れるのは、早くて終電の時間。週の大半で午前2、3時ごろまでの残業になり、タクシーで官舎に帰る。

つまり、平日の川上さんは午前9時30分から翌3時まで働いているということになる。昼休みの1時間を除くと、1日の勤務時間は16時間30分。官舎も遠く、通勤時間は往復で3時間とのことだから、入浴や身支度をごく簡単に済ませたとしても残りは4時間ほどだ。これでは寝る時間を確保するのが精いっぱいで、余暇なんてあったものじゃない。

「休日はできるだけ家族と一緒にすごしたいのですが、ほぼ毎週のように休日出勤をしていますね。平日は毎食外食かコンビニ弁当で、妻や子どもと食卓を囲めるのは週に数回ですよ」

そんな状況では、とてもじゃないが大学の後輩と「旬のおいしいものを食べる会」などやっている余裕がなかったこともうなずける。

民間企業の労働者には労働基準法が適用され、原則的に「使用者は、労働者に、休憩時間を除き1日8時間、週に40時間を超えて労働させてはならない」ということになっている。ところが、公務員のなかでも彼らのような職種には、労働基準法が適用されないため、境遇について一切の文句は言えないのだそうだ。

「むちゃな働き方をしているのは自覚していますが、そうしないと仕事が終わらないので、仕方がありません。

月の残業時間はだいたい150時間です。国会の会期中で自分の部署に関係する委員会が開かれているときなどは、200時間を超えることもありますね」

一般的に「過労死ライン」といわれる残業時間が月100時間である。残業200時間はその倍。常軌を逸した長時間労働であり、明らかに命の危険がある。民間企業であれば即座に転職を勧められるレベルだ。

川上さんの労働時間を聞いて、机で1日3時間も原稿に向かえば力尽きている僕などは「自分はいかに怠惰な人間であろうか」と恥じ入るばかりだった。

さすがに部署内でも「川上は働きすぎである」と問題になり、産業医にカウンセリングを受けるように指示されたそうだ。

「医者に呼び出されて『大丈夫ですか？』と聞かれました。正直に『大丈夫ではないです』と答え、その話も人事の担当部署に伝わっているのですが……面談の後も仕事の量はまったく変わりませんよ。

私の業務量が減るということは、そのぶんほかの誰かが犠牲になるということですから、自分から仕事を減らしてほしいとは言えません」

「よくそんなに短い睡眠時間で活動ができますね」

ぼくは最低でも１日に６時間は寝ないと、次の日はまともに頭が働かなくて原稿が書けない。夜を更かして仕事をしても、結局は翌日の仕事量がゼロになってしまうことから、最近では「締め切りが迫っていても寝る」ことを心がけている。原稿より健康を優先したい。

「正直、慣れですね。眠くても仕事で緊張状態が続くので、いつの間にか眠気を忘れているんですよ。とはいえ、肉体も精神も常に疲弊していて、通勤の満員電車で立ったまま気を失うように眠ってしまうことはしょっちゅうです。

東大に入らなければこんな人生じゃなかったのかな、とか、このまま死んでしまいたい、なんてことをしばしば考えます。こんな働き方をしていれば確実に早死にするでしょうけど、国のためだと思って歯を食いしばってやっています」

そして、川上さんは唐突に「ドラえもん」の話をはじめた。

「ドラえもんのひみつ道具に『眠らなくても疲れない薬』っていうのがあるじゃないですか。あの薬があったらいいなぁ、なんて夢想することはありますね」

「眠らなくても疲れない薬」とは、漫画の『ドラえもん』に何度か登場するひみつ道具だ。1粒飲めば24時間眠くもならないし、疲れもしないという錠剤である。常に締め切りに追われているような僕ら出版業界の人間のあいだでもよく話題になるのだが、「眠らなくても疲れない」というのは、とどのつまり——。

「覚醒剤じゃないですか」

「ハハ、覚醒剤ですね。もちろん、やりませんよ。使いはじめはよくても、薬で元気を前借りしていては長くはもたないでしょう。数年で廃人になるのかな。私はまだあと20年は働きたいので、使いません」

……実際に覚醒剤を使ってしまった官僚がいる。

２０１9年の4月、経済産業省に勤務する28歳のキャリア官僚が覚醒剤を密輸して使用した容疑で逮捕された。容疑者は東大工学部を卒業後、２０１３年に経済産業省に入省。最初に所属した資源エネルギー庁では、残業が多いときで月３００時間（！）もあったという。

その後、部署が変わって残業は月１００時間に減少したが、そのことで心に余裕ができ、うつ病を発症。医師からは向精神薬を処方されていたが、もっと効果の強い薬を求めて覚醒剤に行き着いたそうだ。

覚醒剤の使用は言語道断であるが、「月１００時間の残業で心に余裕ができた」という話には、なかなかつらいものがある。

国会の議論は台本で進む

過労死ラインを優に越える残業時間で、官僚はいったいなにをしているのだろうか。それは、日中の勤務時間で終わらない仕事なのだろうか。

「部署によってちがいますが、法案や予算案の作成、自民党や業界団体の会議への出席、議員に要求された資料の作成、議員レク（国会議員への法案や施策などの説明）、都道府県や業界団体からの要請活動への対応……国の運営に関するおよそあらゆる仕事をしています。残業時間にもっともきいてくるのは国会答弁の作成業務ですね」

どんなに優れた議員や大臣であろうと、あらゆる政策課題について精通しているわけではない。例えば、2019年4月までサイバーセキュリティ戦略本部担当大臣を務めていた桜田義孝《さくらだよしたか》議員は「PCは使わない。USBがなんであるかわからない」などと発言している。

国会での議論を成立させるために、質問を予定している議員は「こういう質問をします」という通告をあらかじめ出すことになっている。これが「質問通告」だ。その通告を受けて、その分野を担当する官僚が、想定される問答について大臣などの答弁のベースとなる原稿をつくる。

「国会の議論って台本があるんですか？」

以前から抱いていた疑問だった。国会中継などでは一見、与野党の議員が激しい論戦をしている――ように見える。しかし実際は、質問と回答がすでに用意されており、官僚がつくった台本を読んでいるだけということになるが……。

「議員の先生によって多少のアドリブはありますよ。流れで通告にない質問がされること もあります。しかし、基本的に大臣などの答弁は官僚に丸投げですね。

官僚が用意した答弁にないことを大臣が不用意に発言すると、国会が空転したり外交問題になったりと、たいていろくでもないことが起こります。

官僚の腕の見せどころは、質問に立つ議員の質問内容をうまく誘導することなんです。『こういう内容の質問にしていただけると、このように答弁できるので、先生もこちらも顔が立ちます』と調整するわけですね。

そういう意味では、攻めも受けもあらかじめ決まっているプロレスといえるのかもしれません」

川上さんによれば、かなりの数の大臣が、答弁書の内容をろくに理解しないままそこに書いてある文言を棒読みしているそうだ。

ただ、川上さんはこうも言った。

「答弁をつくるのは官僚の大事な仕事です。かりに読む人が内容を理解していなくても、大臣が国会で答弁をしたという記録が残ることが重要ですから」

朝まで働かされる奴隷

国会答弁の作成業務こそ、官僚に長時間の残業を強いる主要因だ。

「多くの通告がくるのが、委員会の前日の夕方から夜にかけてなんですよ。夜の22時とか、悪いときは日付が変わってからのこともあります。

答弁を準備するには時間がかかります。それを分かっていて遅い時間に通告してくるのですからね。国会議員にとって官僚は残業ありきで朝まで働かせる奴隷なんです」

本来、国会には「質問通告は質問の2日前までに出すべき」という与野党で決めたルールがある。しかし、そのルールは平気で破られ、多くの質問通告が委員会の前日に出されているのが現状だという。また、委員会の開催が急に決まり、前日にしか質問がつくれないこともある。

いずれの場合も、官僚は質問通告のあった前日の夜から委員会が開催される当日の朝までに、なんとしても答弁をつくりあげてしまわねばならない。答弁が間に合わないなどということは、あってはならない。

委員会を前にして質問を出さない議員が一人でもいれば、その議員が質問しそうな分野を予想しながら、担当の官僚はひたすら待機しなければならなくなる。

また、質問の内容があいまいだったり議員に割り当てられた時間に対して質問項目が多すぎたりしても、答弁の作成に時間がかかってしまう。特に総理大臣への質問の場合は、担当省庁が作成をした答弁を官邸がさらにチェックするので、相当な時間がかかる。

「おじいちゃん大臣の担当になっていると大変ですよ。お年寄りは朝が早いですから、大臣に合わせて、担当官僚の仕事が朝の5時ごろからはじまることもあります。

午前3時や4時ごろまで必死になって答弁を作成して、1時間後の午前5時から翌日の仕事です。隙間の時間をみつけて仮眠くらいはとりますが、基本的には徹夜になりますね」

人間、睡眠不足になると積極性や創造性が失われる。業務効率にも悪影響が出る。労働生産性の低下をもたらしてよくないだろうに。

「当然、よくないですよ。委員会が急に設置された場合はやむを得ないですが、質問通告は2日前というルールをちゃんと守ってほしいですね。

通告が遅れたら質問できないくらいでもいいと思います。そのようなルールが徹底されている国もありますが、しょせん日本のルールは誰も守らない口約束です」

「事前の通告が難しいのなら、官僚には昼担当と夜担当をつくって、二交代制にすればいいと思いますが」

数時間の睡眠で働き続けることがいいことだとはどうしても思えない。人員を倍にすれば常識的な労働時間で済むようになり、その方が生産性も上がるはずだ。

「おっしゃる通り。うちの省では残業した官僚が帰宅に使うタクシーの代金が年間で億を優に超えています。なら、そのお金で人を雇った方がいいでしょうね。非常勤職員なら100人くらい雇えるんじゃないでしょうか」

現場は慢性的な人手不足で、一人の官僚がいくつもの仕事を掛け持ちしている状況だ。

「とにかく人員を増やしてほしい」というのが川上さんの切実な願いである。

「国民からの要求で仕事はどんどん増えているのに、公務員の数は増えていません。それどころか、今よりさらに人員を削減しようとしています。

150時間とか200時間といった残業が強いられているのに、さらに人を減らそうとするのは明らかにおかしい。効率化といっても、もはやとっくに限界を超えているんです」

官僚の超勤実態は把握されているはずだ。なぜさらに人員を削減しようとするのか。

「一つには政治家のパフォーマンスですね。ただ、それは国民が望んでいるということで

このたびは飛鳥新社の本をご購入いただきありがとうございます。

今後の出版物の参考にさせていただきますので、以下の質問にお答え下さい。ご協力よろしくお願いいたします。

■この本を最初に何でお知りになりましたか

1.新聞広告（　　　　　　新聞）
2.webサイトやSNSを見て（サイト名　　　　　　　　　　　）
3.新聞・雑誌の紹介記事を読んで（紙・誌名　　　　　　　　　）
4.TV・ラジオで　5.書店で実物を見て　6.知人にすすめられて
7.その他（　　　　　　　　　　　　　　　　　　　　　　　）

■この本をお買い求めになった動機は何ですか

1.テーマに興味があったので　2.タイトルに惹かれて
3.装丁・帯に惹かれて　4.著者に惹かれて
5.広告・書評に惹かれて　6.その他（　　　　　　　　　　　）

■本書へのご意見・ご感想をお聞かせ下さい

■いまあなたが興味を持たれているテーマや人物をお教え下さい

※あなたのご意見・ご感想を新聞・雑誌広告や小社ホームページ上で
1.掲載してもよい　2.掲載しては困る　3.匿名ならよい

ホームページURL http://www.asukashinsha.co.jp

郵 便 は が き

63円切手をお貼りください

101-0003

東京都千代田区一ツ橋2-4-3
光文恒産ビル2F

(株)飛鳥新社 出版部 読者カード係行

フリガナ ご氏名	性別 男・女 年齢 歳
フリガナ ご住所〒 TEL ( )	
お買い上げの書籍タイトル	
ご職業 1.会社員 2.公務員 3.学生 4.自営業 5.教員 6.自由業 7.主婦 8.その他 ( )	
お買い上げのショップ名 所在地	

★ご記入いただいた個人情報は、弊社出版物の資料目的以外で使用することはありません。

もあります。『ろくに仕事をしていない』『汚職をしてそう』『われわれの納めた税金で食っているのはけしからん』『増税する前に公務員の数を減らせ』……多くの国民が官僚に対して抱いている感情なんてそんなところでしょう。

もう一つ、行政府のなかでも財務省だけは人員を減らしたいと考えています。財務省の人たちは、国の債務超過を解消することが最重要課題ですから。『国の予算が少ないのだから、仕事を減らして、財務省以外の省庁は人員も減らせ』というスタンスですね」

野党議員の「官僚つぶし」

官僚たちの残業は人間の「悪意」によって生じることもあるという。

「質問通告を故意に遅らせる野党議員がいるんです」

川上さんによれば、野党議員のなかには、官僚に答弁作成のための十分な時間を確保させないように、わざと質問通告をギリギリに出すものがいるのだそうだ。

ほかにも「一行通告」といって簡潔すぎて具体的な質問内容がわからない通告をしたり、情報を小出しにして担当者を翻弄したり、持ち時間に対して明らかに多すぎる質問を通告してくるものもいる。

質問の内容が分からなければ、官僚は一晩のうちに膨大な数の想定問答を用意しなければならない。睡眠時間が削られれば仕事でミスもしやすくなるだろう。

時間がないなか、寝不足の頭で作成された答弁には穴ができる可能性がある。それこそが、この類いの小細工を執拗に行う野党議員の狙いだ。

「不完全な答弁で大臣から失言を引き出せば、有権者に自分をアピールするいい機会になりますからね。『政権にダメージを与えるには官僚をつぶせばいい。あいつらを不眠責めにしてやる』と言い放った議員がいるという話も聞いています」

深夜残業が常態化している霞が関は「不夜城」とも呼ばれ、そこでは多くの官僚たちが寝ずに働いている。過重な労働によって心身を壊し、自殺や突然死をする官僚は決して少なくない。あなたも「若い官僚が自殺をした」といった類いのニュースを聞いたことがあるだろう。

人事院が出しているデータによれば、霞が関で2017年度にうつ病などの精神疾患で長期病休をしたものの数は3841人。これは、全職員の1・39パーセントを占める。民間企業ではこれが0・4パーセントだというから、いかに官僚が過酷な職場で働いているかが分かる。同じく、官僚の死亡率も民間企業の3倍近くになるという。

「若い人が突然亡くなったという話はよく聞きます。職員がうつ病になって休職しているなんて話は、どの部署でも掃いて捨てるほどありますよ」

川上さんはこともなげに話すが、その原因の一端に野党議員による意図的な「官僚つぶし」があるなら、それは決して許されることではない。

睡眠剝奪《はくだつ》は古来より尋問や拷問に使われてきた手法であるが、被害者に与える精神的・肉体的ダメージが大きいため、近年では非人道的だと非難されることも多い。

例えば、２０１４年には米国中央情報局（ＣＩＡ）がテロ事件の容疑者を尋問する際に睡眠剝奪を用いていたとして問題になっている。野党議員が「官僚をつぶす」ために使っているのは、そういう人の道を外れる手法なのだ。

話を聞いているだけで胸がムカムカしてきた。目の前にあるのは京都のいい野菜を使ったおいしい料理のはずだったが、味がよく分からなくなってきた。

「森裕子参議院議員の騒動は私も聞いていますが、あんなことは日常的に起きていることです。珍しくもない。一行通告もざらにあります。こともあろうに、与党時代に大臣を経験したことのある国会議員が、『一行通告&問い合わせ不可』なんて爆弾を投げてきたりもします」

川上さんは「なにをいまさら」と言って冷たい笑みを浮かべた。

官僚に人権はない

ニュース報道などで「野党合同ヒアリング」の映像を見たことがあるだろうか。政権の不祥事や与党議員の失言があるたびに、担当省庁の官僚が野党議員に呼び出され、公の場でヒアリングとは名ばかりの詰問を受けるアレだ。

議長の仕切りもないなかで、野党議員が一方的に官僚たちを大声で怒鳴りつけ、罵倒する。対する官僚たちはじっとうつむいて黙っている――まるで人民裁判を見せられているようで、不愉快なのは僕だけではないだろう。実際、「あれはパワハラではないか」と国会で問題になったこともある。

官僚を呼びつけてあんな公開リンチを行っても意味はないはずだ。あれは野党議員による人気取りのためのパフォーマンスではないのか。

「ええ、そうですよ。あの人たちは次の選挙で当選することしか考えていません。有権者に自分の顔を覚えてもらいたい。だから、わざわざテレビカメラを連れてきて、その前で私たちをたたいてみせるんです。

今度、ヒアリングの映像がニュースで流れたらよく見ておいてください。議員のなかには、官僚を怒鳴りつける前にカメラの位置を露骨に確認する愚かなやつがいますから」

川上さんの口調が荒くなったのは、僕らの前に運ばれた日本酒が４合目に入ったからだけではないだろう。

それにしても、ただのパフォーマンスということであれば、出席を拒否したり、せめてヤクザまがいのどう喝をやめさせたりはできないものか。

「私たちは公僕です。つまり、公衆の奴隷ですね。一方で国会議員は、選挙で選ばれた国民の代表者サマですから、私たちよりも圧倒的に立場が上なんですよ」

奴隷には拒否権はもとより人権すらない。現に、官僚たちは「働き方改革」の対象からも外されている。野党合同ヒアリングはいつも突然に開催が通告され、官僚たちは出席を強制される。ショーを撮りたいテレビカメラが来るかぎり、それは何回でも繰り返される。官僚たちはそのたびに本来の仕事を中断して、自らが「吊るし上げられる場」に黙って出向かなくてはいけない。

そもそも、呼びつけられた官僚は不祥事の当事者でないことも多いのだ。例えば、「大臣の不用意な発言を撤回しろ」と求められても、官僚たちにはどうしようもない。

官僚はなにかと悪者にされがちだ。国の運営に携わっている人たちだから生活の不満を転嫁しやすいし、その給料が血税から出ているということも大きいだろう。だから、官僚が一方的にたたかれる「野党合同ヒアリング」は国民ウケがとてもいい。

「野党議員は、政策を実際に動かす、つまり行政を考える必要がありません。実効的な政策の立案能力もありません。国民に自分が活躍している姿を見せるには、テレビカメラの前でパフォーマンスをするしかないんですよ」

野党議員が自らの「勇姿」を国民に見せつけるためのサンドバッグとして、いくら殴りつけても決して殴り返してこない官僚たちは打ってつけということだ。

官僚サイドからすれば、自分が一方的に殴られる様子をテレビで全国公開されるわけである。しかも相手は公開リンチでしか自分の存在感を国民に示せないような、程度の低い議員たちだ。その屈辱たるやいかほどか。実際、議員からのパワハラで精神を病んでしまう官僚もいるそうだ。

「パワハラで心が壊れてしまいました。辞めさせられません。どこに人事異動させましょうか……ということで、元キャリアなのに今は省庁の建物内を一日中郵便物を配って回っているだけという人もいますよ」

パワハラへの耐性は官僚をやっていくうえでの必須スキルにちがいない。

官邸のパフォーマンスに振り回される

野党への批判が続いたので、バランスをとるために、与党に対して官僚としてなにか言いたいことはないかと尋ねてみた。

「今の政権与党も、野党に負けず劣らずろくでもないですけどね。特に、内閣人事局ができてからはひどいです」

２０１４年、内閣人事局が発足し、それまで官僚主導で行われてきた審議官級以上の官僚の人事が官邸主導で決定されることになった。これによって、官邸は政権の方針に沿わない官僚を要職から自由に外せるようになったとされている。

川上さんによれば、官邸が省庁の人事権を握って以降、すべてにおいて「官邸の意向」が優先されるようになってしまったという。

「事実にもとづいた調査や分析を経ないまま決定される不合理な施策が増えています。おまけに、場当たり的に方針が変わるので、そのたびに私たちは振り回されています。この方針が変わるときは、たいてい官僚に責任が押しつけられるのもひどい話ですよ。

官邸の政治的パフォーマンスのために、国民にとっては不必要と思われる業務がずいぶんと発生していますね」

現在の霞が関は強引な官邸主導型行政に終始しており、現場からの積み上げによる企画立案型行政がまったくできないらしい。川上さんたち若手は「せめて議論ができるようにしてほしい」と訴えてはいるが、省庁の幹部はみんな官邸の方を向いたままで、部下のことは顧みない。

「官邸をはじめとする外部からの圧力が強いのは分かりますがね。不合理な指示について、上にはもっと毅然《きぜん》とした態度をとってほしいものです」

現場では官邸関係の脈絡のない作業が常態化しており、本来の業務が圧迫されている。

「与野党を問わず国会議員の先生方に対しては、とにかく私たちの本来の仕事の邪魔をしないでほしい。それに尽きます」

川上さんはそう吐き捨てた。

時給1800円、プライドだけが心の支え

「それで、給料はどのくらいもらえるんですか?」

これだけの過酷な職場で1日に16時間以上も働いて、一体いくらもらえるのだろうか。日本酒は5合空き、お互いかなり酔いが回ってきた。満を持して、キャリア官僚の給料について聞いてみた。

「はっきりいって、安いですよ。入省10年目のときの私の給料をお教えしますが、月に手取りで30万円くらいです。残業代と賞与込みの年収（総支給額）は650万円でした。

ひと月の正規の労働時間が、7時間45分かける20日で155時間、残業時間の平均が150時間でしたから、合計すると労働時間は月305時間。年間だと3660時間になるので、時給は約1800円。民間だと1年目の派遣社員でもこれくらいの時給はもらえますよね」

たしかに安い。仕事に要求される能力、負わされている責任、労働時間に対して、給料が明らかに見合っていない。民間で同じような仕事をこなしていれば、年収1000万円

は優に超えるはずだ。

「公務員の給料は、決められた予算から支払われます。残業代も例外ではありません。毎日のように深夜まで仕事をしている職員が多い部署だと、すぐに部署の予算の上限に到達してしまうんですね。

たとえある部署で業務が増えたとしても、残業代の予算は増えず、部署のみんなで分け合うしかありません。だから、月の残業代はスズメの涙ほどしか出ないんです。

この給料では、とても都内に家を買おうなんて思えないですよ。まあ、家にいる時間はどうせ1日数時間ですから、都外の安くてぼろい官舎で十分なのですが。家族には申し訳ないですね」

官僚の昇給は50代でストップするという。飛び抜けて有能であればさらに上の役職に行けるが、昇進すればさらに忙しくなる。

「正直、早い段階で干されてしまった人のことをうらやましいと思ったりもします。例えば、さっきの心が壊れてしまった人ですが、建物のなかで郵便物を配ってまわっているだけなのに身分が保障されて給料も出るなんて、ある意味では果報者じゃないですか」

「そんな状況でよく働き続けられますね。転職は考えないんですか?」

最近、若手の官僚が退職して、ベンチャー企業を立ち上げたり、民間に就職したりするケースが増えている。監視がつくようになり「天下り」がやりにくくなった現在、定年退職後のボーナスモードも望めない。心身をすり減らすブラックな職場に早めに見切りをつけて、時間と能力を有意義に使おうとする若者が増えるのは自然なことだ。

「耐え切れずに転職する人もいますよ。若手は特に離職していく人が多いですね。私もいろんな方から転職を勧められました。客観的に見て、それだけひどい職場だということでしょう。

正直、今は、プライドだけが心の支えですね。たいしたお金はもらえないけど、心と体を壊すけど、自分はこの国と国民のために働いている――そういうプライドです。

あとこれは私の個人的な事情ですが、やはり東大に入って、多大な税金を使って教育してもらったという気持ちがあります。奨学金も最終的には返済を免除してもらいましたしね。育ててもらった国と国民に借りを返さなければならないという思いはあります」

とてもじゃないが僕には無理な働き方だ。こういう人たちがいるおかげで、この国はまだなんとか成り立っているのだろう。話を聞いているうちに川上さんに対して畏敬の念が湧いてきたので、素直にそう告げた。

「池田くんにほめてもらえるのはうれしいのですが、東大に入らなければこんなつらい仕事に就くこともなかったのかな、なんてことはよく考えますよ。

小さいころからなまじ勉強ができたから、東大なんかに入ってしまったから、官僚養成校の東大ではそうするのが自然だろうと国Iを受けてしまったから、人生がこんな悲惨なルートにつながってしまったわけですから。

私が大学受験生だったころの第二志望校は北海道大学だったのですが、かりに北海道大学に入って、例えば中学生のころに興味を持っていた獣医師を志していれば、今よりも幸せな人生が送れていたと思います。少なくとも人間的な生活はできていたでしょう。

自己責任だと言われればそれまでですが、誰にだって『こんなハズじゃなかった』ということはあるでしょう。

学生のころの私は、官僚の仕事は大変だけど相応にやりがいもあるだろう――なんて甘いことを考えていました。しかし、現実は……やりがいを感じる余裕なんてとてもないですね」

この章の頭でも書いたように、今、東大生の官僚離れが進んでいる。長時間労働、理不尽なパワハラ、安い給料……官僚の職場環境が一朝一夕に変わるはずもなく、おそらく、東大卒のキャリア官僚の数は今後も減少の一途をたどるのだろう。現に、数年前には川上さんの部下になるはずだった東大を卒業予定の学生が、省庁内定の辞退を申し出てきたという。その学生は同級生とベンチャー企業を立ち上げることにしたそうだ。

このまま東大出身の官僚が減っていけば、どうしたって霞が関全体の質は落ちていくはずだ。そんなこの国の行く末を思うと、憂鬱になってくる。憂鬱を肴《さかな》に酒がさらに進んだ。

第5章 東大いじめ

地方で受けた「壮絶ないじめ」

東大卒は同窓生が少ない地方の職場で逆学歴差別を受けることが少なくない。時には露骨にいじめられることもある。僕の所属していたサークルの後輩である吉岡聡《よしおかさとし》くん（29歳）が自らの経験を話してくれた。

サークルの創設記念パーティーでおよそ5年ぶりに会った吉岡くんは、聞けば「地元の就職先でひどい目にあった」と言うではないか。

パーティーに参加するために関西から出てきていた彼はまだ数日は東京に滞在するとのことだったので、翌日の昼に時間をつくってもらい喫茶店でインタビューを行った。

吉岡くんは東大文学部を卒業後、地元の兵庫県で市役所職員として働きはじめた。公務員になろうとする東大生の多くは、学生のうちに国家公務員採用総合職試験（旧・国家公務員Ⅰ種試験）もしくは国家公務員採用一般職試験（旧・Ⅱ種試験）をパスして卒業後は中央省庁に入る。

地方の市役所職員になった吉岡くんはレアケースで、田舎の公務員になるようなものは東大のなかでは「落ちこぼれ」とされる。東大は毎年卒業生の進路を公開しているが、彼が卒業した年に地方公務員になった東大生は数人しかおらず、インターネット上の匿名掲示板にある就職カテゴリーのスレッドでは「東大を出ていながら地方公務員になったやつがいるぞ」と話題になっていたそうだ。

当初、吉岡くんは大学院への進学を考えていた。それが学部で卒業して地元で市役所の職員になることを選択したのは、親御さんが病気を患い、なるべく近くにいてあげたかったからだという。しかし、その職場で彼は初日からいじめにあってしまった。

「新人には先輩がついてしばらく指導をするものだと思っていました。入って半年は試用期間とされていましたし。でも、職場にはじめて出た日、先輩に開口一番、『東大生なんやから見てたら分かるやろ』とだけ告げられてそれっきりなんです。業務マニュアルくらいあるかなと思ったのですが、一切ないんですね。

上司とされる女性にどんな仕事をすればいいのかを尋ねたら、『私らは忙しいねん。あんたの相手なんてやってられんから、勝手にしとき』と言われてしまいました。面食らいましたね。

仕方なくフロアのゴミ掃除をしたり、そのあたりに乱雑に置かれた段ボールを開いてひもで縛って片付けたりして時間をつぶしていました。あれは、意図的なネグレクトだったと思います」

そう語りながら当時のことを思い出したのか、吉岡くんは口を大きく鋭角の「へ」の字にゆがめた。

「でも、いつまでもゴミ掃除をしていたわけじゃないでしょう?」

「ええ。初出勤から1週間がたったころに新年度の業務分担が発表されて、そこでようやく前任者の引き継ぎという形で業務内容を知ることができました。

ただ、それまでは完全に放置です。話しかけてすらもらえませんでした。所在のなさに、社会人になって1週間にして心が折れかけましたね」

たまたま職場全体が忙しい時期で誰も彼の相手をできなかったのかもしれないが、知らない環境で延々と放置されるというのは、当事者でなくても想像するだけでなかなかつらいものがある。

「原因はハッキリしています。ぼくの直属の上司と部内の先輩です。その人たちは関西大学の出身で、それまで職場では『高学歴で頭がいい人』として周囲から持ち上げられていたんです」

関西大学の出身者はほかにも何名かいて、職場では大学名を冠した派閥ができていたそうだ。そんなところに東大卒の吉岡くんが入ってきてしまったものだから、「その人たちがすっかりすねてしまった」と彼は言った。

「事あるごとに皮肉や当てこすりをされて、ずいぶんとやりづらかったですねぇ。なにかにつけて『自分（お前）は東大出で頭がええのかもしれへんけど、うちらはそうやないねん』と言われてなじられました」

特定の人に対する皮肉や当てこすりを関西の人は「いじり」というのかもしれない。しかし、「いじり」も「いじめ」も「他者をないがしろにする」という点で行為の本質は同じだ。いじる側は軽い冗談のつもりでも、いじられている側が不快に感じるならば、それはいじめである。こんなこと、小学校の道徳教育レベルの話だ。

「先輩たちは新人のぼくが知らないことがあると大喜びするんですよ。『東大を出てるのに、自分ほんまはアホなんちゃうか』なんてことをよく言われました。そこで『そうなんですよ。東大にもぼくみたいなアホはいるんですよ』なんて言って下手《したて》に出て、業務のやり方を習得していきました。その場で口だけでもアホだと認めておけば事がスムーズに運ぶので。

正直、屈辱ですよ。でも、からかうのはやめてほしいと訴えても、まともに聞き入れてはくれません。こちらは一人なのに対し相手は大勢ですから」

おそらく吉岡くんの職場の人たち、そのなかでも「そこそこの学歴」の人たちによる、東大卒という彼の学歴を敵視したいじめはあったのだろう。

単純に気に入らなかったということもあろうが、自分たちの立場を脅かすようになる前に、吉岡くんとは職場内での「格付け」を終えておきたかったのかもしれない。

テレビをネタにいじられる

「嫌だったのは、ちょうどぼくが就職したころにテレビで『さんまの東大方程式』というバラエティー番組がはじまったことです。ゴールデンタイムにやっていて、定時であがった職場の連中がけっこう家で見ていたんですね。放送された後しばらくは、その番組をネタによくいじられました」

「さんまの東大方程式」は２０１６年からフジテレビ系列で放送されているトークバラエティー番組だ。僕が中華居酒屋のテレビで目にしたのもこの番組である。

司会の明石家さんまとスタジオのひな壇に並べられた数十名の現役東大生が繰り広げるトークが人気を博し、毎年春と秋の改編期の特番として、この本を書いている２０２０年8月時点で第8弾までが放送されている。

「あるときの放送では、女性経験がない東大の男子学生がフォーカスされたんでしょうね。その話を引っ張ってきて、『吉岡も東大やし、童貞やろ』とからかわれました。またあるときは、東大生に昆虫でも食べさせていたのでしょうか、『自分も虫食ったりすんの？　きしょ（気持ち悪い）』なんて理由もなく中傷をされたりもしました。

関西において明石家さんまの影響力って大きいんですよ。『さんまがやっていたみたいに、俺らもうちの職場にいる東大をいじろう』ってなもんです。たまたまつけたテレビでやっていても5分と見たことはないのですが、東大関係者にとってあれほどうっとうしい番組はないです」

この本を書くにあたって僕も過去の放送回を取り寄せて視聴してみたが、たしかに番組は僕たち東大の卒業生にとって見るに堪えないものだった。番組では、基本的に東大生を「変人」あつかいすることで笑いをとっていたからだ。

もちろん、バラエティー番組なので、台本があり演出があり、素材に過剰な編集を施した結果なのだろうが、いずれにしても、この番組は世間の東大生に対する偏見を大いに助長するものだ。

例えば、「東大生の歪《ゆが》んだ恋愛事情」と題し、「東大生と結婚したい肉食女子」なるものを連れてきてスタジオの東大生とお見合いさせるというコーナーがあった。そこでは、「東大生の遺伝子がほしい」などと下品な言葉を口にする女子大生を目の前にして、慌てふためく朴訥《ぼくとつ》な東大生男子をスタジオ中でからかっていた。

多くの東大生は中学高校の時期を受験勉強にささげて東大に入っている。東大生を多く輩出する進学校には男子校も多い。

2019年時点の東大生の男女比が男性80・7パーセントに対し女性19・3パーセントということを考えると、二十歳《はたち》かそこいらの東大生（特に男子）など大半は恋愛未経験者だろう。そんな彼らの未発達な恋愛観を「歪んでいる」と称し、異性経験がないことを全国にさらして辱《はずかし》める。こんな悪趣味なことがあるだろうか。

編集者には資料として8回分の録画映像を取り寄せてもらっていたが、僕はどうにもいたたまれなくなり、最初に手にした1回分しかまともに視聴することができなかった。

東大アスペ

「さんまの東大方程式」については、もう一つ気になることがあった。おそらくコミュニケーション能力の低さからであろう、皮肉が通じず、さんまとの会話がかみ合わない、話を振られて挙動不審になる東大生を笑いものにしていることだ。

ここまでにも散々書いてきたが、東大生にはコミュニケーションに苦手意識のある人が多い。そのなかには、はっきりとした病識があり、医療機関で「自閉症スペクトラム（ASD）」という診断を受けている人もいる。2013年にDSMというアメリカ精神医学会の診断基準が改訂される前までは、「アスペルガー症候群」という診断名が使われることも多かった。

アスペルガー症候群は脳機能の障害により認知発達に偏りがもたらされる発達障害の一つだ。知能の停滞はないが、「臨機応変な対人関係が苦手」「特定の事柄に強い興味を持つ」「パターン化した行動を好む」といった特徴がある。

データが発表されていないので正確な値はわからないが、東大内にアスペルガー症候群の人がそれなりの割合でいることは、内部を知る人間なら実感していることだろう。東大生や東大出身の教員は、しばしば仲間内で「私はアスペ（アスペルガー症候群）ですから」という自虐を口にするし、実を言えば、僕も自身にいくらかその傾向があることを自覚している。

そのため、東大も学内に「コミュニケーション・サポートルーム」なる支援室を設置し、東大生の発達障害に関わる悩みの相談に応じている。

おそらくアスペルガー症候群の特性と膨大な量の暗記を要求する東大入試との相性がいいのだろう。アスペルガー症候群の人は興味を持つ事柄に対して尋常ならざる集中力を発揮して取り組む傾向にあるし、反復して脳に刷り込むことで覚える「単純記憶」も得意だ。

僕たちは幼少時から、ポケモンの名前なんて全種類言えて当たり前だったし、動植物の種名や天体の名称、電車や自動車の車種など強い興味を持った物事はすっかり記憶することができた。その興味のベクトルが教科書や受験参考書に向けば、入試で点がとれてしまうのも道理だ。

「さんまの東大方程式」の出演者がアスペルガー症候群かどうかは分からないが、かりにそうだったとすれば、ズレた受け答えをしたり、挙動不審になったりしている様をみんなで笑うというのは人として最低の所業だ。

そういう笑いを番組制作者や世間の人たちが求めているのかもしれないが、ひな壇に並んでいる東大生たちが番組の「いじり」で慌てふためく様を見るにつけて、僕には後輩たちがひどい「いじめ」を受けているように感じられてならなかった。いじられている彼らは笑顔こそ浮かべていたが、その笑みのなかには卑屈さが見えるような気がした。

吉岡くんは言った。

「現役の学生たちはまだ若いから分からないのかもしれないですけれど……芸能界で生きていこうというのならいざ知らず、あんな番組に出演して、テレビ的に誇張されたキャラクターと実名とをセットで全国にさらしたことは、後の人生できっと汚点になりますよ」

僕もその意見には強く同意する。

「東大卒なんだからできるでしょ？」

　通常業務の全体像をなんとか把握して仕事にも慣れると、吉岡くんは「便利使い」をされるようになったという。

「ちょうど職務分野での大きな法改正が予定されていた時期で、市で運用している制度の要綱改正も必要になったんです。しかし、にわかには信じがたいことなのですが、職場には誰も法律に明るい人がいませんでした。それなのに、『あんた東大卒なんやから、私らが分からん難しいことも分かるやろ』と膨大な文書の作成をこちらに丸投げされました。

　ほかにも新人がいるなかでぼくだけ通常の業務に加えての仕事ですし、どう考えても一人でやるような分量ではない。ぼくだってそれまで法律関係は触ったことがありませんでしたし……」

「自分の手に余るとは伝えなかったの？」

　というか、役所って知識のない新人に要綱改正を任せるものなのだろうか？

「ぼくにも問題があるにはあって……できません、とは言いづらいんですよね。実際、できないと告げると、連中は鬼の首を取ったように喜ぶわけです。『東大やのに～』ってケタケタと笑われて。腹立たしいじゃないですか」

東大を出ているからといって頭が２つあったり手が４本あったりするわけではない。得手不得手だってある。振られた仕事を常にそつなくこなせるわけではない。

しかし、「できない」とはいえない。それは、東大卒であるプライドが邪魔をする。僕もむかしはそうだったが、「そんなこともできないの」とか「こんなことも知らないのか」といわれると胸がズキンとうずく。

逆の立場からすると、東大卒の人間に「東大を出ているんだからこれくらいのことはできるでしょ」と言って仕事を押しつければ、よほどのことでないかぎり彼らに無理を強いることができるだろう。

「残業代が満額出る部署だったのだけが幸いでしたね。最初のうちの月給は額面で19万円くらいでしたが、残業代を足すと軽く30万円を超えていました」

仕事の量は多かったが、そのぶん給料には反映されていたので、「ある程度はガマンできた」と吉岡くんは言った。

「もともと仕事が過量にある忙しい部署で、誰も自分の手持ちの仕事を増やしたくないんです。でも、先ほどの関西大学を出ている先輩方は、新人が大きな仕事を任されているのに自分たちには誰にでもできるような作業がまわされていることがガマンできないんです。それで、ずいぶんと嫌がらせを受けました」

吉岡くんは「本当にくだらない人たちでした」と当時の同僚に憤慨しつつ、こうも続けた。

「ぼくにも傲慢なところがあるので、『あなたに簡単な仕事しかいかないのは、あなたが無能だからですよ』と内心では思っていました。それが知らずに顔に出ていたのかもしれません。

仕事が忙しいことも手伝って、部署全体にフラストレーションがたまっていきました。空気がどんどん悪くなっていくんですね。

ぼくの存在が原因のようでしたし、実際、面と向かって『自分（お前）のせいやで』なんてことも言われましたが、やっぱり理不尽ですよね」

環境によっては東大卒の学歴がその人のウイークポイントになる。

「ぼくが東大卒でなければ、例えばまわりの人たちと同じように関西大学卒であれば、あそこまでつらい目にはあわなかったはずですよ」

それまで高学歴の人間がいなかった職場に東大卒という「異物」が一つ混入するだけで、組織全体の人間関係がギスギスすることもあるのだ。

すぐに転職する東大卒

結局、吉岡くんは、1年半ほど働いた後に市役所を退職した。辞める直前には、ストレスから胃に潰瘍《かいよう》ができ、激しい腰痛に常にさいなまれていたという。

ひどいときは排便も困難で、そんなときは親御さんに補助してもらうこともあったそうだ。病気の親御さんの近くにいてあげるための地元での就職だったのに、逆に親御さんに介護されていたのでは本末転倒だ。

もちろん双方に言い分はあるだろうが、話をしてくれた吉岡くんを知る僕としては、彼がうそを言っていたり、話を大きく誇張したりしているとは思えなかった。大学生時分の彼は、素直で人のいい若者だった。

「退職した一番の理由ですか？　はっきり言うと、愚かな連中との能力差が給与にまったく反映されないことですね」

そんな吉岡くんが「ハンッ」と鼻で笑って口汚く吐き捨てたことに、僕は少なからず驚いた。よっぽど腹に据えかねたことなのだろう。

「職場ではみんなやたらと忙しそうにしていましたけど、もっと業務を効率化できるはずなんです。でも、ぼくの上司や先輩方はそんなことを考えもしない。ずいぶんと非効率にダラダラと時間をかけて仕事をやっていました。

制度や規則の縛りで効率化できないのではなくて、能力的にできないんですね。それなのに、年功序列で給与はどんどん上がっていくのですから、ふざけた話です。

霞が関で必死に働いているキャリア官僚が給料をたくさんもらうのはいいんですよ。省庁に勤めている同級生は、勤務時間や仕事の内容に対してかわいそうなくらい薄給です。でも、ぼくがいた職場の人たちがやっている仕事はそうじゃない。正直、税金が無駄に使われている現場です」

吉岡くんは引き継いだ仕事の作業手順をかなり効率化したという。誰がやっても同じことができるように、独自にマニュアルも作成した。

このように、いろいろと工夫をしながら仕事をしていた彼だったが、結局、1年半で市役所を辞めた。

「こんな劣悪な環境でいじめられながら働くくらいなら、転職した方がいいと思って。ぼくならどこでもそこそこやれるでしょうから」

東大生は入試で情報処理能力を徹底的に鍛えられているので、社会に出てからもたいていの仕事を器用にやれる。その仕事がデスクワークならなおさらだ。人材業界ではしばしば「東大生はすぐに転職してしまう」というようなことが言われるが、このあたりにその理由がありそうだ。

そういえば、かつての僕も「まぁ、会社を辞めてもなにかしらの頭脳労働で食べていけるだろう」という軽い気持ちで、フリーランスになったのだった。

「退社日に送迎会が開かれて出席を強いられたのですが、その場で『君は可能性に満ちているけど、ここでやっていくしかない人の気持ちも少しは知ってほしい』と言われました。みんなの前で起立させられているときだったので、吊るし上げみたいなところもあったのですが……なんとなくそう言った人の心情も分かります」

送別会にかぎらず、あらゆる組織の行事は出ていく人ではなくその場に残り続ける人たち、つまり組織のために行われる。

おそらく、吉岡くんにそれほどの落ち度はなかった。しかし、「自分はここを辞めてもなんとかなる」という態度はその組織でやっていこうとしている人には傲慢に見えたことだろう。彼が職場でうまくいかなかった原因はそういうところにもあったのかもしれない。

そのことについては、彼も気づいているようだった。

「勤務の初日からいろいろといじめられてきましたけれど、結局のところは、ぼくが悪かったのでしょうね。組織に対する忠誠心なんてものは、はなから持ち合わせていなかったわけですから」

それが潜在意識下のものであっても「自分はこんな職場なんていつでも辞められる」という思いは、言葉や言動の端々からまわりの人に伝わってしまうものなのだろう。

地方の医学部が「人生再生工場」

市役所を退職した吉岡くんは、現在、地方の国立大学の医学部に通っている。退職後に4カ月ほど受験勉強をして大学に入り直したのだ。

大学は実家からもなんとか通える距離にあるため、病気をしている親御さんの面倒をみることもできるという。市役所を辞めたその日から、胃と腰の痛みはうそのように消えたそうだ。

「一般職は懲りたので、技術を身につけようと思い立ちました。腕一本でやっていけるようになって、職場はその時々で好きに選びたいなと。

同世代より出遅れているぼくがこれから身につけて元が取れる資格、となると法律関係か医療関係です。弁護士は法学部卒の友人から資格保持者の急増で食えなくなってきていると聞いたので、医療関係の資格をとることにしました。

医療関係の資格といっても薬剤師、看護師、理学療法士、放射線技師……いろいろとありますが、どうせなら一番権限の大きい医者になろうと思って」

親御さんが病気を患っていたということもあるが、医師になろうと思った一番の動機は「もう人にいいように使われたくなかったから」と吉岡くんは言った。

「池田さんなら分かると思いますが、ぼくたちのように東大に入った人間は、国立医学部に入学するための受験勉強には特に不安をもちません。医師の国家資格がとれさえすればいいぼくの場合、ネックは授業料だけなので、国立大学であればよくて、無理に東大や京大などの難関国立医大を受ける意味もありません。最近は再受験者に寛容な国立大学の医学部もそれなりにあります。

医師は身につけないといけない知識や技能は膨大ですけれど、大学で真面目に6年間勉強すれば、歳《とし》をくっていても問題はないだろうと判断しました。

学歴も職歴もリセットすることになりますが、全国で医師不足が叫ばれていますし、医学部に入ってしまえばたつきを得るめどは立ちます」

国立大学の医学部であっても、地方であれば東大の理科一類より偏差値が低いところはある。散々受験のテクニックを磨いてきた元東大生にとって、入学試験をパスすることはそれほど難しいことではない。

一般的に医学部の受験には理科科目が必要となるが、吉岡くんはもともと理一で東大に入った後に進振りで文学部に転向しているため、理科科目を改めて勉強する必要はなかった。

また、東大に通っていた間はアルバイトで受験生の家庭教師をやっていたため、現役のときに培った受験テクニックがさびつくこともなく、再受験にあたっては過去問を10年分ほどやって出題傾向を確認したくらいで、特に根を詰めることもなかったそうだ。

「面白いのは、ぼくのようにキャリアの積み上げに失敗した東大の同級生たちが、ぼくが通るなら自分も通るだろうと考えて、続々とぼくの通っている大学の医学部に進学してき

ているこ とです。大学のなかで期せずして同窓会というか、派閥のようなものができつつあります。

所属しているゼミの教授からは『うちは君たちが人生を再出発するためにやたらと便利に使うような場所じゃないんだぞ』と言われていますけれど」

キャリアの積み上げに失敗した東大卒業生にとって、地方大学の医学部は人生の再生工場といったところだろうか。

第6章　東大オーバー

食い詰める大学院生と博士

「末は博士か大臣か」などという話は、ずいぶんとむかしの価値観になってしまった。

現在の日本のアカデミアの周囲に食い詰めた大学院生や博士が大量に漂流していることは、「高学歴ワーキングプア」という言葉とともに、すでに多くの人の知るところとなっている。

博士号という学位は「この人間は、高度な専門知識を持ち、自ら新しい課題を発見してこれを解決する能力がある」という大学からのお墨付きだったはずだ。そのような学位の取得に果敢に挑んでいる人材、そのような学位を取得した有能な人材がなぜ貧困にあえいでいるのだろうか。

大量の高学歴ワーキングプアを生んだ原因として挙げられているのが「大学院重点化」

である。「日本の基礎的な研究能力を強化しよう」というかけ声とともに１９９０年代から２０００年にかけてこの重点化が進められた結果、１９８５年度には６万９６８８人だった国公私立大学院在籍者数は、重点化を経た２０１９年度には25万４６２１人と約３・65倍にまで増加している（文部科学省の「学校基本調査」による）。

大学院生の大幅な増加によって引き起こされたのが、その質の低下だ。重点化以前の大学院は真に能力のある「選ばれしもの」のみが進学する場所だったが、定員が大幅に増やされたことで、従来ならば進学できなかったような能力の低い学生までが大学院に進学してくるようになってしまったのだ。

このような、いわゆる「ゆとり院生」でも、修士課程までならそこそこの努力をすれば修了できる。しかし、さすがに博士課程で博士号を取得するとなると、これはもう長く厳しい研さんの道があるわけで、並大抵の努力では乗り越えられない。分をわきまえず博士課程に進学したものは、博士論文が書けずに大学院で無駄に歳を重ねていくことになる。

そういった学生は学部卒業時と修士課程修了時に訪れた就職チャンスをみすみすドブに捨てたことになるわけだが、もう後戻りはできない。先にも進めず後にも戻れず――「詰み」である。

博士号の取得のしやすさというのは分野によって大きく異なる。東大でも博士課程に入って3年以内に修了する院生の割合が80パーセントを超える学科がある一方で、その割合がたったの10パーセントほどしかない学科もある。

また、同じ学科であっても、「進学してきた院生にはできるだけ博士号をとらせてあげよう」という研究室もあれば「能力のないものは去れ」という厳しいスタンスの研究室もある。

能力が低いゆとり院生のなかには「選んだテーマがたまたま博士論文にしやすいものだった」とか「指導教官の面倒見がよかった」といった運に恵まれ、身に余る博士号を取得できるものもいるが、地力のない研究者は結局のところ使い物にならない。

民間企業に「歳ばっかりくっていて戦力にならない」と敬遠される博士の一部はこのような人たちだろう。まぁ、もとより特定の業種を除き、多くの日本の民間企業が博士の採用をしていないのだけれど。

そもそも、重点化による大学院生や博士号取得者の急激な増加に対して、それらを受け入れる正規雇用のポストが圧倒的に足りないのだ。多くの文系博士や理系でも農学博士などでは、優秀な人であってもびっくりするほど就職先がない。

そんな大学や民間企業に就職できない博士の受け皿となっているのが「ポスドク」だ。ポスドクは特定の研究プロジェクトを遂行するために任期つきで雇われる研究スタッフなのだが、その労働環境はとても厳しい。

ポスドクの平均的な年収は、「博士」という学歴の頂点を極めた人材にしては余りにも低く、一般企業に勤める同世代の会社員に到底及ばない。環境やその能力によって一部に500万円以上の年収を得るものもいるが、多くは年収が500万円以下であり、年収300万円のものや200万円を割り込む極貧のものもいる。

ポスドクは立場も非常に不安定だ。2015年度の文部科学省の調査では、任期が3年未満のポスドクが全体の3分の2を占めている。ポスドクは任期が切れれば、ただの「博士号を持った無職」となってしまう。短い任期のうちに次の就職先につながる結果を必ず出さなくてはならず、彼らは日々、そのプレッシャーにさらされている。

その研究プロジェクトありきで雇われている人材だから、自分の専門から外れたテーマに従事させられることもしばしばだし、ブラックな研究室に入ってしまうと研究どころかプロジェクトの雑用ばかりを押しつけられることもある。

いくつかの研究室を渡り歩くなかで実績を積み、大きな運にも恵まれれば、晴れて正規の大学教員のポストに就くことができる。ただ、あくまでこれは博士号取得者の理想的なキャリアパスであって、多くのポスドクが「渡りの板前」さながらに各地の研究室を転々としながら彷徨《さまよ》っているのが日本の現状だ。

低賃金、不安定な雇用、閉鎖的な研究室での人間関係のトラブル……つらい境遇に耐えながらいつかアカデミアに正規雇用される日を夢見ていても、歳を重ねてしまうと「博士号取得後×年」という年齢制限に引っかかり、大学教員になる道は絶たれてしまう。いまさら民間企業に就職しようにも、これまた年齢や社会人経験の浅さがネックとなり、よほどの口利きでもないかぎり難しい。かくして、ポスドクの人生は詰んでしまう。

もちろんここまでの話は、東大においても決して例外ではない。

博士課程5年目の袋小路

「博士論文が書けずにいるうちに、やさぐれてしまいました」

こう自嘲《じちょう》したのは、東大大学院人文社会系研究科の博士課程に在学している前島静子《まえじましずこ》さん（31歳）だ。

先に登場した後輩の吉岡くんが「博士課程でくすぶっている友人です。勉強は好きだけど論文が書けなかったタイプ。本人は、近々、退学するつもりですっかり開き直っていますから、直球でインタビューしても大丈夫ですよ」といって彼女を紹介してくれたのだった。

前島さんが「本郷かいわいの店だと知り合いがいるかもしれないから」というので、東大の本郷キャンパスから少し離れた上野の喫茶店で話を聞いた。最初に、「実は僕も10年ほど前に農学生命科学研究科の博士課程を中退したんですよ」と告げると、前島さんは「すごい！　いろいろとその後のことを教えてください！」と食いついてきた。これで打ち解けることができて、やさぐれた彼女から意外なほどスムーズに話を聞くことができた。

前島さんが博士課程に進学してから5年になる。博士課程に在学できる標準の年限は3年だが、通常は5年までの在学が認められる。休学をすることでさらに3年、つまり博士課程には最長で8年まで在学できるが、前島さんにそのつもりはないという。

前島さんが研究のテーマとしているのは、ヨーロッパのとある地域の中世社会史だ。

「高校生のころに青池保子《あおいけやすこ》の『エロイカより愛をこめて』（秋田書店）にハマって中世ヨーロッパに興味を持ったんです。だから、私の研究の動機ってオタク的だったんですよね」

そう言って前島さんはばつが悪そうにしていたが「ガンダムがつくりたくてロボットの研究をしている」「宇宙戦艦ヤマトが好きでJAXA（宇宙航空研究開発機構）に就職した」「百合小説に感銘を受けて海外の女子寮の歴史について調べている」――なんて話は、アカデミアのいたるところにある。僕がこれまでに仕事でインタビューをしてきた研究者の方々もみなさんオタクだった。

「学部生のころは、先行研究のサーベイ（網羅的な勉強）をしたうえで新しい切り口を見せるということをしました。テーマがマイナーな地域だったので読み込みが必要な文献は少なくて、卒業論文はスムーズに書けたと思います。

学部を卒業するときにもう少しやれそうだと思えたので、就職活動はせずに修士課程に進みました。学科にもよりますが、私のまわりでは学部を卒業した学生の3分の1くらいが修士課程に進み、さらにその約半分が博士課程に進んでいます」

修士課程では2カ月間の現地調査を行い、そこで収集した一次資料を使って書いた論文が修士論文として認められた。

「修士課程を修了したとき、大学の先生として自分の好きなことを一生研究していられたらな、というふんわりとした考えで、そのまま博士課程に進学しました。ただ、甘かったですね。途中から研究が進まなくなりました」

「修士課程まではそれなりに順調だったんですけどね……」と前島さんは苦々しい顔をした。

指導教官との関係悪化というよくある罠

海外の文化史を研究テーマとする場合、「博士課程の途中で現地の大学に留学してそこで博士号をとってくる」というのが優秀な院生によくあるキャリアパスだ。しかし、前島さんは留学を選択しなかった。

「私の研究は資料が世の中に出切っているようなものだったので、短期の集中した現地調査を行えば、東大で博士論文は書けそうだなと判断したんです」

その判断が正しいものだったかどうかは門外漢である僕には分からない。ただ、前島さんは「私自身に出無精なところがあって、日本からあまり出たくないなと日和《ひよ》ったところもあります」とも付け加えた。

留学こそしなかったが、前島さんは現地の大学で一時的な聴講生の身分を取得し、講義を受けながら調査を行おうと考えた。しかし、受け入れてくれる大学を見つけられなかったという。

このとき、指導教官からのアドバイスや口利きはなかった。

「自分でなんとかしようと思って、先生にはちゃんと頼んでないんです。博士課程に進んでから、先生とは関係がよくなくて。

博士課程に進学してすぐのころに、先生から『あなたは向いていないと思ったけど、受験者が少なかったので数合わせで合格を出した。相当努力しないと博士号は取れないと思いなさい』と面と向かって言われました。

すごくショックで、そのときのことは今でもトラウマです。

向いていないのが本当でも、言い方というものがあると思いませんか？　それに、言うなら博士課程への進学を私が相談したタイミングだろうとも思うんです。

このことがあってから、先生には気が引けちゃって、研究のことを相談しづらくなりましたね」

十分な指導やフォローをしてくれない教員がいることに驚く人もいるかもしれないが、この類いの話は大学院ではごくありふれている。

まず大前提として、大学院は「勉強」ではなく「研究」をする場所だ。すでに知られている知識を学ぶ「勉強」とは異なり、「研究」ではすでに知られている知識を前提に、自分の力でこの世界の新しい事実や解釈を発見しなければならない。したがって、「大学院はこれまでに誰もやっていないことを独力でやれる学生のみが進学するべき場所である。それができないものは去れ」と言われれば、たしかにそれは正論だ。

しかし、重点化による大幅な定員増加を受けて、教員たちもその増員ノルマを満たすために能力の低い学生にまで積極的に営業をかけたのではなかったか。「数合わせのために誘い入れました（または、来ることを拒みませんでした）。授業料をとりました。面倒はみていられないので放置します」ではいささか無責任ではないか。

研究指導を担当している院生の能力がその域に達していないなら、手取り足取りとまでは言わないが、ある程度のサポートはするべきだろう。

前島さんは博士課程に入ってからの５年間で入学料と授業料を合わせて３００万円近く大学に納めているはずだが、その一部は指導教官の給料になっている。彼女と指導教官とはこの数年ほとんどコミュニケーションをとっていないそうだが、もしそれが事実なら彼女が指導教官に不満を抱くのも無理からぬ話だ。

ちなみに、大学「教員」といってても人にものを指導することに関しては素人のような人がけっこうな数いる。大半はアカデミアから出た経験もなく、自分の研究に没頭してきた人たちだ。コミュニケーション能力が極めて低かったり、人格に問題があったりする人もいるだろう。

近年では、そんな、研究者ではあっても教育者ではない教員と独力で研究する力のない学生との人間関係のこじれが、いわゆるアカハラ（アカデミック・ハラスメント）の問題にまで発展するケースが増えてきている。

以前はありふれた上下関係として見逃されてきたアカハラだが、世間のハラスメントに対する意識が高まった現在、法廷での争いともなれば上の立場にいる教員たちの分は悪い。

「学振」の狭き門

博士課程に進学した前島さんは、2度の現地調査を行った。滞在期間は3カ月ずつ。「学振」はとれず、調査研究のための助成金も得られなかったので、2度とも私費での調査となった。

「学振」とは文部科学省所管の独立行政法人・日本学術振興会が研究者に研究奨励金（生活費）と科研費（研究に使えるお金）を与える制度で、研究者の卵たちの登竜門とされている。

学振には申請する時期によって、ＤＣ１（博士後期課程1年次相当・3年間）、ＤＣ２（同2年次以上の年次相当・2年間）、ＰＤ（博士学位取得後5年未満・3年間）の３種類がある。研究奨励金、すなわち生活費はＤＣ１とＤＣ２が月額20万円、ＰＤが36万２０００円、科研費はいずれも年額１５０万円以内だ。

生活費をもらいながら研究が主体的にできるわけで、研究者を志望する学生がこぞって応募する制度だが、その採用率は15～20パーセントと非常に狭き門でもある。

学振に落ちると生活費と研究費を自分でまかなわねばならない。実家が裕福ならば援助が受けられるかもしれないが、20パーセントに満たない採用率からは、多くの院生やポスドクが生活費と研究費のためにアルバイトをしているという現実が見えてくる。

アルバイトをすると必然的に研究にあてる時間が削られてしまうが、生き残るためにはその削られた時間で結果を出さねばならない。学振に通るのと落ちるのとではまさに天国と地獄だ。

学振に通らなかった前島さんは、個別指導塾でのアルバイトで生活費と研究費を稼いでいた。実家は決して裕福というわけではなく親御さんも年金暮らしをしているそうだが、住んでいるワンルームマンションの6万2000円の家賃だけは仕送りをしてもらっているという。

「個別指導のアルバイトは時給が高くて拘束時間が短いので、研究中心の生活が崩れません。英語を担当していますが、準備にそれほど時間がとられないのは助かりますね。学部生のころから働いているので、塾ではけっこう古株です」

今のところ生活に困っているわけではないが、「学振をもらっている人や実家が裕福な人たちのことがうらやましくてたまらない」と前島さんは言う。

「現地調査に行くとなると、1回あたり100万円からの費用がかかります。その費用を年金暮らしの親に出してもらうのははばかられますね。すでに小中高大学と多額の学費を出してもらっていますから」

お金に縛られていなければ、自分の研究のことだけを考えていられる。研究に没頭できるから、結果も出しやすい。結果が出るから、助成金がとれる。「正のフィードバック」が回るのだ。

逆に、経済的な裏付けが得られなかった人たちは、かぎられたリソースのなかでなんとしても結果を出さなければいけない。これは、焦る。

「常にプレッシャーにさらされた状態で、先の見えない研究に挑み続けていると、一定数の人は確実に精神に不調をきたします。

東大でうつ病になった院生は本当に多いですよ。実際、知り合いはうつ病と診断されて休学していますし、私も一時期はメンタルがヤバかったですね」

通常、学振の申請書を作成する際には指導教官や研究室のスタッフから添削を受ける。もちろん、合否に最大の影響を与えるのは本人のそれまでの業績や今後の研究計画だが、教員や先輩が熱心に申請書作成を指導し添削してくれれば、そのぶんだけ学振に通る可能性は高くなる。

やたらと学振採用者が出る研究室というのがあって、そういう研究室では教員の申請書作成能力が非常に優れている。研究室内に学振に通るためのノウハウも蓄積されている。しかし、前島さんの所属している研究室には現在、学振採用者は一人もいないそうだ。

ただ過ぎ去ってしまった時間

前島さんは博士課程に進学して1年目に修士論文の内容を元に国内学会で研究報告を行った。このときも、指導教官はろくに発表内容のチェックをしてくれなかったという。

「はじめての学会発表は散々で、これもトラウマですね。先生はたまたま忙しかっただけかもしれませんが、『数合わせ』で入れた院生なんて相手にされていないような気もして、このころから先生のことは完全に苦手になりました。その後はろくにコミュニケーションがとれていません」

学会発表でさしたる手応えは得られなかったが、前島さんは研究を進めるために現地調査を行った。そして博士課程2年目の終わり、論文を書いて雑誌に投稿することにしたという。

「現地で集めた材料を使って報告内容を改稿して、それを雑誌に投稿することにしました。文系で博士号をとるには論文を何本か出版していることが絶対条件なのですが、手元の材料でまず1本が書けるかもしれないと思ったんです。

今にして思えば拙速もいいところだったのですが、調査から帰ってきた直後でテンションが高かったんですね」

しかし、前島さんが力を尽くして書き上げた投稿論文の草稿は、指導教官に一顧だにされなかったという。

「プリントアウトした草稿の1ページ目に赤ペンで『修士論文と変わっていない』とだけ書かれて戻ってきました。なかに赤文字は一切入っていませんでしたね。先生からすれば、私の博士課程に入ってからの2年間の研究にはなんの進歩も見られなかったんでしょう。

博士課程に進んで自分なりに研究を進めてきたつもりだったんですが、現実を突きつけられて頭が真っ白になりました。そこからは……迷走ですね」

その後、どうやって論文を修正しようかと悩んでいるうちに時間がすぎてしまい、気づいたら5年目になっていたという。その間、さらに3カ月の現地調査を行ったが、前島さんはその迷走状況を打開する材料も新しい視点も見つけることはできなかった。

前島さんは「拙速だった」と言ったが、たしかに独自の研究成果を出すことに時間がかかることの多い人文社会系では、論文を執筆して博士号を取得するまでに長い年月がかかる。東大が平成27年度に実施した調査では、同大学の人文社会系研究科の博士課程における標準修業年限3年以内の修了率は、たったの10・4パーセントなのだ。

「まわりを見ても博士過程5年目とか6年目の人はたくさんいますし、もともと標準修業年限の3年で博士号がとれるとは考えていませんでした。ただ、あわよくばという思いがあったのも事実です。

能力がないから見込みが甘かったんですよね。私が博士課程に進みたいと希望を出したときに先生が『向いていない』と言ったのは、そのことを見抜かれていたんだと、いまさらながらに思い知りました」

指導教官との間でよくコミュニケーションがとられ、研究の進捗や課題が共有できていれば、あるいは前島さんの拙劣な研究計画は早い段階で修正が利いたのかもしれない。しかし、現実にはそうならず、彼女の貴重な人生の時間はただ過ぎ去ってしまった。

自死した女性博士

結局、現在の前島さんは、多くの人文社会系の院生と同様に博士号の取得はほぼ諦めており、近々、就職活動をはじめるつもりだという。

「東大を退学して、海外の大学院に留学することも一度は考えました。でも、宗教研究で大きな成果をあげ続けていた女性の博士が自殺されていたというニュースを聞いたときに、心が完全に折れましたね。

東北大学文学部で博士号をとった後、学振の研究員になって、一時期は東大の大学院にも所属されていた方です。面識はありませんでしたが、同じ東大大学院にいた優秀な研究者でも職に就けないのに、博士号の取得もままならない私が大学のポストにありつけるなんて、夢物語だとようやく自覚したんです」

前島さんが言及した「自殺した女性の博士」については、２０１９年4月の朝日新聞の報道を皮切りに、ＳＮＳなどでも大きな話題となったので、知っている人も多いだろう。

この女性は宗教研究の分野で数多くの成果があり、日本学術振興会賞や日本学士院学術奨励賞といった名だたる賞を受賞する優秀な研究者だった。しかし、それらの業績をしても大学の専任職には就けず、衣食住を実家に頼り、非常勤講師や専門学校のアルバイトで研究費をまかなっていたという。

女性は20以上の大学に願書を出していたが、その都度「不採用」とされ、40歳をすぎても大学にポストを得られなかった。生活の安定を求めて結婚したが、相手に統合失調症の病歴があり結婚生活は破綻。離婚届を提出した2016年2月2日に首を吊って亡くなった。43歳だった。

多くのケースで人が自殺する理由は複合的で、女性が大学にポストを得られなかったことが自殺の直接的な理由になったとは必ずしもいえないが、研究者の生活の不安定さがその一因であったことは想像に難くない。

「大きな成果をあげている優秀な研究者ですら、就職先を見つけられなかった」というニュースは、多くのアカデミア志望者たちを改めて絶望で打ちのめしたのだった。

「実は、学部生のころに教職の単位を頑張ってとって、母校に教育実習にも行って、英語の高校教員免許を取得しておいたんです。大学院に進学するにあたっての精神安定剤みたいなものですね。いざとなったら高校の先生になれると思うことで、今までやってこられたところはあります。

30歳をすぎているので、教員免許があるからといって簡単に就職できるとは考えていません。でも、私立の進学校では、東大入試に合格したことや博士課程で専門的な研究をしていたことが、就職活動でいくらか有利に働くこともあると聞いています。すでに研究室の先生にも、高校の教師になることを勧められているんです。

本当は去年にも就職活動をしておくべきだったんです。でも、せっかく東大に入って、学部で卒業した人よりも余計に7年近くも大学に残っていたのだから、その間に取り組んできたことを投稿論文として世の中に発表しておきたいんですよね。自己満足でしかないんですが、これをやっておかないと東大に合格したことだけが私の人生の実績で、その後の11年間の活動がまったくの無駄になってしまいますから」

一度諦めがついてしまえば、心機一転して別の道を歩める。絶望の袋小路から引き返せる。人生は有限だ。引き返すなら、できるだけ若いうちがいいだろう。

足の裏の米粒——取っても食えないが取らないと気持ちが悪い

前島さんは博士号の取得もその後の就職も過酷とされる文系の博士課程の院生だが、理系でも分野によっては似たような環境にある。

日本の博士課程取得後のキャリアパスの不透明さは尋常ではない。東大出身であろうが、理系であろうが文系であろうが、苦労して博士号を取得したところで、大学教員になれるものは10人に１人もいない。

せめて採用が実力によって公平に決まるのであればまだ納得もできるだろうが、実際にポストが得られるかどうかは巡り合わせによるところが大きいので、まともな神経ではやっていられない。

東大大学院のそれぞれの学科が構えているホームページには博士課程の学生の卒業後の進路が円グラフなどで示されているが、グラフの大きな割合を占める「研究職」は数年しか雇用が保障されないポスドクだし、「その他」に至っては単に無職だったり行方不明だったりするのだ。

なかには学科長が「うちで博士になれば就職口がなくて困るということはまずありません」などと豪語している学科もあるが、それは定員の枠を埋めるためのうそかその教授の周囲にかぎっての話だろう。

学科のホームページの「卒業生インタビュー」などに登場して前向きな発言をしている博士は、卒業生に10人に1人いるかどうかの優秀な人材だ。

「博士になってよかった」「研究は楽しい」「生活に困ってはいない」なんてのは生存者バイアスのかかった言葉で、表に出ていないところには平凡な、または、運のなかった博士たちの屍《しかばね》が累々としていることに、博士課程への進学を希望する学生は思いを巡らせなくてはいけない。

想像力が働かないなら、例えばツイッターで「博士　無職　ワーキングプア」といったキーワードで検索してみるといいだろう。食い詰めた博士たちの悲痛な叫びが、リアルタイムでいくらでもヒットしてくる。

さすがにここまでの悲惨な環境が周知されると、東大でも目端の利く学生は博士課程への進学をやめて、新卒チケットが使えるうちに就職をするようになった。そのため、東大の博士課程への進学率は減少の一途をたどっている。

東大にかぎらず、日本全国の大学で博士課程に進学する院生が減り、日本の研究者は減少している。２０００年ごろまで世界と同水準で数が増えていた日本の論文数や特許の出願数がここ20年でほとんど増えなくなったのは、この研究者の減少をダイレクトに反映したものだ。

博士課程の学生や研究者を支えるための国の予算を増やし、民間企業が博士号を持った人材をもっと活用し、社会人の大学院への再入学が容易になるといった改革が起これば、このジリ貧の状況は変えられるかもしれない。

政府は最近になってようやく若手研究者への支援などを考えはじめているようだが、その対象になっているのは20代～30代の若者たちだ。

いずれにしても、すでに荒野にうち捨てられた40代から上の博士たちは、このまま朽ちていくしかない。

しばしば、「博士号は足の裏の米粒」などと言われる。「取っても食えないが取らないと気持ちが悪い」という意味だが、これは真言だ。

東大の博士号を持っていても、そう簡単には食えない。

もし、あなたがこれから博士号を取得して研究者になろうと考えているならば、この言葉をよくよくかみしめてほしい。

第7章　東大プア

東大卒の警備員

「九龍城砦《クーロンじょうさい》みたいで楽しい場所だったよ」

友人に紹介されて会った齋藤洋介《さいとうようすけ》さん（44歳）は、駒場寮についてそう語った。

「駒場寮」は、かつて東大の駒場キャンパス内にあった学生自治寮だ。安田講堂の基本設計者・内田祥三《うちだよしかず》（後に東京帝国大学総長）によって1934年に設計された由緒正しい東大の寮であるが、「かつて」と書いたのは取り壊されて今はもう存在しないからだ。

1991年に教養学部の評議会の議題として廃寮の話が出て以降、寮の明け渡しと取り壊しを巡って大学と学生が何年も激しく争った。「駒場寮闘争」と呼ばれるこの争いは、2001年、裁判所の決定にもとづき、600人近い教職員や警備員によって寮明け渡しの強制執行が行われたことで終息を迎えた。

スクラムを組んで建物に居座る寮生たちを警備員が力ずくで引き抜く様子は当時の全国ニュースでも放送されたので、それを見た人も多いだろう。

ちなみに、僕が東大に入学したのは強制執行が行われた翌年の2002年だったので、残念ながらこの目で実物の駒場寮を見ることはできなかった。ただ、一部の寮生が寮の跡地に建設した「テント村」（建物が取り壊された後もテントで生活を続ける学生がいたのだ）に、駒場寮闘争の残映を感じることはできた。

友人は駒場寮の元寮委員長で、当時の寮生たちのことをその後のことも含めてよく知っている。自らが起業した調査研究コンサルタント会社で元寮生を雇ったりもしている。

そんな彼と一緒にご飯を食べているときに、たまたま「東大の卒業生にネガティブなエピソードを聞いてまわっている」という話をしたところ、「ネガティブかどうかは分からないけど、東大卒業生らしからぬ経歴の持ち主を知っている」ということで元寮生の齋藤さんを紹介されたのだった。

東大文学部卒の齋藤さんは、現在、都内の駅地下街で派遣の警備員をしている。管理部門ではなく現場の施設警備員だ。

東大卒の30歳時年収は平均８１０万円なのに

不規則な勤務時間、重労働、危険と隣り合わせの職場、体育会系気質などなど、うわさに聞く警備員の現場は相当ブラックだ。

ことさら目立つのは、給与水準の低さだろう。厚生労働省の賃金構造基本統計調査によれば、警備員の平均年収は３０８・２万円（２０１７年）。同年の日本人の平均年収が４３２・２万円であることを考えると、警備員という職業は間違いなく低収入の部類に入る。

実は、僕自身も大学1年生時分に後楽園にあるウインズ（場外馬券売り場）で雑踏警備のアルバイトをした経験がある。きっかけは巣鴨《すがも》のフリー雀荘で知り合った警備員のおやじに有馬記念の助っ人を頼まれたことだったが、朝8時ごろから夕方の5時ごろまで時々休憩をはさみながら雑踏のなかでボーッと立ち、たまに酔客の相手をして、それで日当が交通費込みで７５００円だった。

「人手が足りないので来週もぜひきてほしい」と頼まれるまま毎週土曜日に通っていたが、

1カ月、つまり4回通ったところでそのアルバイトは辞退した。もとより人混みがあまり好きではなく、終日なにもせずにただ立っているというのが精神的につらく、立っているだけなのに意外と肉体的にキツく、なにより東大生であればもっと時給のいいアルバイトはいくらでもあったからだ。

例えば、この直後に同級生から紹介されたのは、「公務員試験予備校の模試で使う論理問題を作成する」という仕事だった。1問あたりの買い取り金額は5000円。過去問をベースにちょっと文章や設定を改変するだけでよく、小1時間で1問が作成できてしまう。その仕事は月の支払いの上限が6万円（12問分）と決められていたが、自宅で半日も机に向かっていれば終わってしまう。これが警備員のアルバイトだと、8日も通わなければならない。

東大生には、家庭教師、塾講師、試験の採点・添削、研究室の実験補佐、プログラマーといった少ない時間で効率的に稼げる頭脳労働系アルバイトのオファーが多い。その類いのアルバイトは高給なこともあり、東大生自身もそういう仕事を好む傾向にある。それは卒業後の就職先にしても同じだ。

2019年、あるランキングがインターネットのニュースサイトで話題になった。就職・転職のためのジョブマーケット・プラットホーム「OpenWork」を運営するオープンワーク株式会社が、サイト登録者の出身大学・年収・年齢のデータから30歳時の想定年収を算出し、その上位30校を「出身大学別30歳年収ランキング」として公表したのである。

ランキングの1位は東京大学（８１０・９万円）で、2位の一橋大学（７３９・６万円）や3位の京都大学（７２７・６万円）を大きく引き離し、唯一の８００万円台をマークした。ちなみに、４位以下には慶應義塾大学（７２６・６万円）、東京工業大学（７０８・２万円）、早稲田大学（６５４・３万円）と続く。

元のデータから大学院が除外されているなど数値の正確性には若干の疑問があるが、発表されたランキングは50件以上登録されていた大学１００校の１万８６５１人のデータから算出したとのことなので、ある程度は信頼してよさそうだ。

「社会に出てしまえば学歴は関係ない」とはよく言われるが、大学の偏差値と年収にはある程度の相関があり、多くの東大卒業生が社会では高収入な仕事に就いているということになる。

学生時分の一時期のアルバイトならいざしらず、東大まで出ていながら極めて給料の安い派遣警備員をしている人は、友人の言うようにたしかに「東大卒業生らしくない」とい

出身大学別年収ランキング

順位	大学名	30歳時年収（万円）
1	東京大学	810.9
2	一橋大学	739.6
3	京都大学	727.6
4	慶應義塾大学	726.6
5	東京工業大学	708.2
6	早稲田大学	654.3
7	神戸大学	651.0
8	大阪大学	640.3
9	国際基督教大学	635.5
10	上智大学	633.7
11	東北大学	626.2
12	横浜国立大学	624.8
13	東京理科大学	619.2
14	名古屋大学	611.6
15	筑波大学	608.0
16	北海道大学	607.6
17	九州大学	598.4
18	横浜市立大学	596.8
19	中央大学	596.4
20	同志社大学	595.7
21	明治大学	587.1
22	大阪市立大学	585.1
23	立教大学	584.1
24	千葉大学	581.0
25	電気通信大学	579.5
26	大阪府立大学	578.2
27	首都大学東京	575.9
28	青山学院大学	574.5
29	芝浦工業大学	569.6
30	関西学院大学	567.0

（出典：オープンワーク）

える。

駒場寮はスラム街

齋藤さんの家の近くにある板橋のファミリーレストランで話を聞くことになった。

「このまま、ここでご飯を食べましょう。もちろんおごります」と提案すると、齋藤さんは「俺って徹底的に自炊しかしないから、外食なんてほぼ1年ぶりだよ」と笑った。

「１９９５年に東大の文三に入ってから半年は、宮崎県人寮に住んでいたんだよね。実家は自給自足でなんとか生活しているような貧乏農家で、仕送りはなかった。それほど多くはない奨学金で生活しなきゃいけなかったから、２人部屋で月の家賃が２万円という県人寮はありがたかったな。

ただ、すぐに駒場寮の存在を知って引っ越したんだ。だって、駒場寮は月の家賃がたったの５０００円だっていうからさ。大学内で見かけた入寮のチラシにあった『日本一きたない学生寮』っていう宣伝文句も魅力的だったね」

実際、齋藤さんが入寮したころの駒場寮は、建物の老朽化が進んでおり廃虚《はいきょ》も同然だったという。しかし、そんな駒場寮での生活は「とても楽しかったなぁ」と齋藤さんは当時を懐かしむ。

「ツタにおおわれたボロボロの建物のなかには、いろんなサークルの部室があったし、コーヒーが1杯50円で飲めるカフェもあった。大きな劇場や壁一面が真っ赤に塗られた会議室、全自動卓が置いてある雀荘部屋なんてものもあったね。寮だから、もちろん台所やシャワー室もあった。

そこら中いたるところ落書きだらけでさ。九龍城砦のスラム街みたいなんだけど、そんなゴチャゴチャとした場所で気心の知れた連中と共同生活を送るのは最高だったよ。

朝起きたら、寝間着にしていたジャージーのまま講義に出る。講義が終わったら寮に戻って、図書館で借りてきた本を読んでいたね。うちの地元にはまともな図書館がなかったから、蔵書が豊富な大学の図書館には夢中だったよ。本を読んで時間をつぶせば金も使わないしさ。

夕飯時になると寮の屋上でバーベキューをしたよ。毎日キャンプ飯みたいなものをつくっていたおかげで、料理はかなりうまくなった。火加減と塩加減が身につけば、料理って失敗しないからね。

食事が終わったら寝酒をあおって寝るんだけど、寝つけないときは深夜の駒場キャンパスを徘徊《はいかい》したりしてね。キャンパス内にいるネコに餌づけをしたりもしたな。とにかく、無法地帯を満喫していたよ」

老朽化した建物に居座りつづけるそんな寮生たちを、大学がよく思わなかったのは当然だったのだろう。１９９８年、すでに寮生たちに廃寮を通告していた大学は、寮内の劇場で起きたボヤ騒ぎを理由に寮への電気とガスの供給を停止した。

明かりがなければ、日が落ちた後には本も読めないし課題もできない。インフラが遮断されたことで、大学の狙い通り退寮者が続出した。しかし、気骨のある寮生は発電機とガスコンロを持ち込んで寮で生活を続けた。齋藤さんもその一人だった。

「俺は駒場寮での生活が楽しくて残ることにしたんだ。月に１５００円を払えば発電機の電気が使えたので不便はなかったし、いまさら引っ越しをして、何万円もの家賃を払いたくもなかったからね。

退寮者が寮に残していったものを物色するとやたらと酒があってさ。ウイスキーだけで40本くらいあったかな。このとき、いろんなウイスキーを飲んだことで、ウイスキーのうまさに開眼したね。以来、酒はウイスキーしか飲まなくなった」

このころから、寮生と大学との争いは激化していくこととなる。

「自治会は寮の裏手にある建物のコンセントから電気を拝借していたんだけど、あるとき教務課の連中が深夜に電気ケーブルを切断して持ち去ってさ。それに怒って決起した一部の寮生が教務課に乱入して暴れるということもあった。まぁ、俺も一緒になって暴れていたんだけど。ことあるごとに教務課には押しかけて抗議をしたね。そのときに仲よくなったのが、寮委員長をやっていた君の友だちだよ。

そのうち、退寮しない寮生に痺《しび》れを切らした大学は警備会社を使うようになった。200人くらいの警備員が軍隊みたいに隊列を組んで寮の敷地に入ってくるんだけど、事前にその情報を得ていた俺たちは寮の前にバリケードをつくった。

なにかとそのバリケードをはさんでにらみ合いをしていたね。当時、東大は日本中の大学にあった自治寮つぶしの最先端だったんだ。1991年の一方的な廃寮通告以降、寮生を追い出すために実験的にいろいろとやっていたよ」

ただ、齋藤さんが駒場寮闘争に熱心に参加していたのは、教養課程の2年生までだ。2度の留年を経て（第二外国語として選んだロシア語の単位がどうしてもとれなかったという）本郷キャンパスにある文学部国史科に進学したことで、駒場寮からの通学が面倒になり、結局、寮の部屋はセカンドハウスとして維持しつつ本郷キャンパスの近くにアパートを借りて移り住んだ。四畳一間・風呂なし・トイレ共同の家賃2万8000円の物件だった。

「駒場寮闘争も末期になると、日米安保反対の学生運動をやっていたオッサンとか、寮生の友人の活動家とか渋谷あたりをうろついているヒッピー連中までもが参加するようになってさ。そんな連中のテンションにはちょっとついていけなくなった。やっぱり学ぶために東大に入ったんだと初心を思い出して、本郷では真面目に学生をやっていたよ。

ただ、2001年8月の強制執行の日は参加した。みんなでスクラムを組んで座り込んだけど、このとき首のまわりに洗剤を塗るといいんだよね。そうすると、警備員の手が滑って簡単には人間を引き抜けないんだ。

それでもさすがに多勢に無勢で、すぐにみんな排除されちゃったけれど。まぁ、俺にとっては駒場寮で生活した思い出を焼却するお祭りみたいなもんだったな」

新卒一括採用への反発

話を戻せば、「東大を出た齋藤さんが警備員の仕事をしている」ということだった。収入のことを考えれば、新卒で派遣の警備員になろうとする東大生はそういないだろう。東大卒業時、齋藤さんはなにをしていたのか。

「就職活動はしなかったんだよ。なにをすればいいか調べもしなかった。そもそも大学って学問の場であって就職予備校ではないはずだろ？　自分がやっていた学問の延長に就職があるならいいんだけど、みんな大学で学んでいることとまったくちがう分野の仕事に就こうとするじゃない。

例えば、日本史を学びたくて大学に来ていたようなやつが、面接で『御社の企業理念に深く共感しています』なんてデタラメを言ってガス会社に就職するよね。これは、おかしいと思う」

3年生の冬になると、大学院に進学しない学生の多くは講義やゼミへの出席そっちのけで横並びの就職活動をはじめるが、「それが気持ち悪かった」と齋藤さんは言う。

「新卒一括採用なんてまったくもって愚かしいシステムだと思うけど、日本でそれなりの会社に正社員として入社するには、そういうことに参加しないといけないんだよね。

君みたいな若い人は知らないだろうけど、俺らみたいな40代の人間はいわゆる就職氷河期というやつでさ。東大生といえどもろくな就職先がなくて、同期はみんな悲愴《ひそう》感を漂わせながら就職活動をしていたよ。

新卒での就職活動がうまくいかなくて、世の中には自殺するやつもいるんだろ？　学生にあういう活動を強要する日本の雇用慣習は間違っていると思うよ。

俺はそんなシステムに唯々諾々と従いたくないっていう思いが強かったし、そもそも会社員にも公務員にもなりたいとは思っていなかったから、就職活動はしなかったね」

ずいぶんと力説されたが、僕も博士課程で自らの研究生活に見切りをつけるまでは就職活動を一切してこなかった口なので、齋藤さんの言わんとしていることは分からなくもなかった。

ただ、自立して生きていくためにはなんらかの仕事をして収入を得なければならないのも現実だ。僕の場合は大学の研究室を飛び出した直後に、たまたま付き合いのあった出版社から声をかけてもらえたので、雀の涙ほどの貯金が尽きる前に事なきを得た。

そう齋藤さんに話すと、「実はさ、俺も卒業した後はしばらく一人で出版業をやっていたんだよね」と告白された。

東大卒の漫画家

「就職活動はしなかったんだけど、君が言うようになんらかの経済活動をしないと食っていけないよね。だったら、物書きでもやろうと思って、漫画を描くことにしたんだ」

普通、「物書き」といえば文章を書く職業の人のことをいう。なぜ、そこで漫画だったのか。

「俺が歴史学に興味をもって国史科に進学したのは、高校生のときに石ノ森《いしのもり》章太郎《しょうたろう》先生の『マンガ日本の歴史』を読んだからなんだ。

その1巻の巻末だったかな。石ノ森先生が『あらゆる事象を表現できて無限大の可能性を持つメディアが「萬画」だ』って書いていて、そうだよなと得心したんだよ。たしかに、絵があれば情報は伝わりやすいじゃない。だから、俺も絵の表現力を使って人にものを伝えようと思ってさ」

『マンガ日本の歴史』は1989年から1994年にかけて中央公論社から刊行された全55巻の学習漫画シリーズである（後に中公文庫から文庫版が刊行されている）。巨匠・石ノ森章太郎がその傑出した画力によって日本の歴史を「大人向け」に描いた大作で、シリーズ累計で８００万部以上を売り上げた大ベストセラーでもある。

僕も小学生のころに最初の10巻ほどを読んだ記憶があった。大人向けに描かれているだけあって性描写も多く、子どもながらにドキドキしたものだ。

齋藤さんはこれまでに、歴史学、政治学、物理学、生物学……とさまざまな分野の学習漫画を描いてきたという。その守備範囲の広さは、どの教科も満遍なく勉強しなくてはいけない東大受験で培われたものだ。「文学部の卒業研究で、『調べて書く』という訓練をさせられたことも大きいだろうね」と齋藤さんは言う。

電子化されていた何冊かの著作をその場でダウンロードして読んでみて驚いた。漫画は絵だけで成立するものでもないが、少なくとも絵に関しては僕が出版社の編集者だったところに担当したどの漫画家よりも達者だったのだ。彼の画風はよくある漫画絵ではなく、どちらかといえば写実画に近かった。

齋藤さんは大学卒業後に独学で絵のスキルを身につけたという。その練習方法は実にユニークだ。彼は東大の図書館で歴史の資料集を大量に借りて、そこに載っている宗教絵画を片っ端から模写したのだそうだ。

「漫画家になりたいやつの大半は好きな漫画やアニメの絵の模写から入るらしいけど、そんな練習で描けるようになるのは手本にした漫画やアニメの劣化コピーだよね。

どうせ同じだけ手を動かすなら、歴史がその価値を認めたような絵を模写するべきだと思うな。上等な絵を手本にするだけで、そのあたりにいる漫画家よりもよっぽどいい絵が描けるようになるものだよ。

大学を卒業して学習漫画でも描こうと思い立ってから、そういう絵の練習を1日10時間、1年間続けたんだよね。それくらいやれば、よほど不器用な人間じゃないかぎり、美しい線を引けるようになると思うよ」

「美しい線を引く」という言葉が印象的だった。

「売れ線狙い」ができなくて

1年間の練習で美しい絵は描けるようになった。出版社に作品のサンプルを持ち込んだら、すぐに企画も任せてもらえるようになった。しかし、「学習漫画を主戦場としたのが失敗だった」と齋藤さんは言う。

一般的に「学習漫画」というジャンルの本は、それこそ石ノ森章太郎のような巨匠が描いたものでないかぎり、絵が達者というだけで万人に買われるようなものではない。

同じ実用書でも、世間の人々が広く興味を持っている「お金」「ビジネススキル」「人間関係」「ダイエット・美容健康」といったジャンルの本と比べれば、例えば「物理学」の本などは見込める読者数が圧倒的に少ない。

また、齋藤さんの情報量の多い写実的な画風は、「とにかく楽をして物事を学びたい」という、この類いの本を購入する読者が求めるものとはズレている。それでも、見たところは真摯に描かれているし、ネーム（コマ割りや絵の構図、キャラクターの台詞など）もよく練られているから、長い時間をかけてコツコツと売れ続けるタイプの本だろうなと思えた。

要は、学習漫画としては高尚すぎるのだ。

実際、齋藤さんの描いた漫画はいずれも初版どまりか重版をしても数万部までしか売れなかったという。書き下ろし専門の漫画家は、その程度の刷り部数では食べていけない。

漫画を仕事にすることのネックは、文字モノに比べてとにかく手間がかかるということだ。もちろん内容によるが、例えば10万文字、２４０ページほどの一般的な実用書の場合、専業の書籍ライターであれば２、３カ月もあれば書き上げるだろう。

しかし、同じページ数の漫画の場合、プロットをつくって、ネームを切って、下描きをして、ペン入れをして、仕上げをして……と、制作の工程が多くてとてもそうはいかない。一般的な月刊の漫画雑誌でプロの漫画家が毎月描いているページ数が40ページ弱。目次などを除いて正味240ページ前後の本1冊分の漫画を描くのにだいたい半年かかる計算になる。

連載作家なら毎月1ページあたり5000～8000円ほどの原稿料が出て、書籍になったときにさらに印税も出る。しかし、描き下ろし作家であれば書籍刊行後の印税しか出ず、それで生活をしていかねばならない。

かりに半年で240ページの漫画を描き下ろして、定価1300円の本として売っても、印税10パーセント・初版5000部だと刊行時点で漫画家は65万円の収入にしかならない。印税からは税金が源泉徴収されるから、実際に口座に振り込まれるのは58万円ほどだ。そこから、さらに画材代やアシスタント代が引かれる。これでは、月の収入は10万円にも満たない。

印税10パーセント・初版5000部という仮定の条件で計算したが、これは学習漫画としてはいい方だ。実際は、もっと悪い条件になることが多い。

「腹が立つのは、出版社が最初に提示した印税やら初版部数やらを後から簡単に変更してくることだね。日本の出版はめったなことでは事前に契約書なんて交わさないから、そういう不義理が横行してる。

半年かけて描き下ろした本で、初版の印税は70～80万円くらいという話だったのに、実際には20万円しか振り込まれなかったこともある。俺は会社勤めの連中とちがって、毎月安定して給料が振り込まれるわけじゃない。入金が予定より50～60万円も少なかったら、飢え死にするよ」

書籍ライターをしている僕も齋藤さんの不満はよく分かる。こちとら何カ月、下手をすれば1年近くも前から、その本が出たときの印税をあてにして生活設計をしているのだ。僕にも原稿を渡した後に印税の条件を変えられた経験があるが、「生活がかかっているんだ。ふざけるな」という話である。

ただ、以前は出版社で編集者をしていたから、編集者の立場もよく分かる。編集者は作家を飢え死にさせたくて条件を変更しているわけではない。作家の原稿が完成しなければ出版社は商売にならない。原稿執筆中の作家にはとにかくやる気を出してもらわないといけないから、「たくさん売れると思います」とか「たくさん刷れそうです」くらいのことは言うだろう。

ところが、実際に本ができて営業をはじめてみると、思っていたよりも書店からの事前注文が入らないということはままある。出版社もビジネスでやっているので、事前の注文が少なければ当初作家に話していたほどは刷れないのだ。

結局、見積もりの正確さや誠意などを含めて、いい取引先とそうではない取引先とがあって、それは経験を通して学び取っていくしかない。「いい取引先といかに太く長く付き合っていくか」が僕たちのようなフリーランスで食べている人間にとっては重要なのだ。

年収150万円で生きる

描き下ろし専門の漫画家で食べていけなかったのなら、雑誌に連載を持つような漫画家になろうとはしなかったのか。そう尋ねると、「30歳のころにチャンスがあった」と齋藤さんは言った。

創作同人誌の即売会に出した漫画がイベントのカタログに載り、その絵に惹《ひ》かれた月刊少年誌の編集者が自宅を訪ねてきたそうだ。「デビューさせてあげるから、指定するテーマで原稿を描いて、編集部に持ち込んでほしい」という相談だった。

「そのときは目の前の締め切りで忙しくしていたのと、先方が指定してきた『ロボットもの』というジャンルに気乗りがしなかったのとで、結局、原稿を描かなかったんだよね。今から思えば、話半分にしても惜しいことしたよ。若気の至りだね」

齋藤さんは、その後も雑誌の編集部に漫画を持ち込んだり、賞に漫画を投稿したりするようなことはしなかった。生活のために、出版社から依頼された当座の仕事をこなしていくのに精いっぱいだったからだ。しかし描き下ろしの仕事では、いつまでたっても経済的な余裕はできなかった。

「俺の描く漫画はチビチビと売れるタイプなのは分かっていたんだ。それでも、著書が20冊くらいあってその全部が売れ続けていれば、『チリも積もれば山となる』というやつで、なんとか生活はできるようになると考えていたんだよね。

でも、甘かった。絶版になったらチリも積もらない。最近になって電子書籍という形態で復刻される本も出てきたけど、いまさらなんの足しにもならないよ」

出版に携わる人なら思い知っているが、本というものはびっくりするほど売れない。売れない本は即座に絶版とされ、在庫は再生紙工場行きだ。

いくら著者が労力をつぎ込んでいたとしても、ひとたび絶版となった本はもはや一切の金を生まない。

「その時々の編集者に依頼されるままに、あちこちの出版社でいろいろなジャンルの本を描き散らして、それで人生を浪費してしまったよ。

今にして思えば、一つの分野に集中して本を出すべきだったんだよな。つまり、石ノ森先生の『マンガ日本の歴史』のようなシリーズものだね。

シリーズ作家として自らのブランディングができていたら、出した本が早々に絶版になることもなかったと思う。

東大受験とその後の教養課程でいろいろな学問を広く浅く修めて、なまじ器用だったことが裏目に出たね。でも、そういうことが分かるのって、物書きを何年もやってからなんだよ」

齋藤さんが学習漫画家をやっていた期間の仕事量は年に2冊。朝から晩まで机に向かって漫画を描き続けて、平均年収は150万円ほどだったという。そこから源泉徴収されて、さらに画材代やアシスタント代といった経費を差し引くと、手取りは120万円ほどだ。

国民健康保険料が払えない

30代も後半にさしかかるころ、齋藤さんは大きなトラブルに見舞われた。ある日突然、首から背中にかけての痛みと腕の痺れに襲われたのだ。

当初は寝違えたのだと思い、薬局で買ってきた痛み止めでしのいでいたが、症状は日に日に悪化していき、やがて机に座って漫画を描くことができなくなった。

「そのころは病院に行きたくても、行けなかったんだよね。国民健康保険に加入していなかったんだ。役所から警告書みたいなものは届いていたんだけど、ずっと無視していた。子どものころから至って健康で病院とは無縁だったんだけど、はじめて病気になって窮したよ。まぁ、自業自得なんだけどさ」

漫画家としての齋藤さんの年収だと、健康保険料は月に1万円もしなかっただろう。自営業者なのだから、ちゃんと確定申告をして経費や控除を増やしておけば、見かけ上の所得はさらに低くなり、おそらく健康保険料は毎月数千円にまで抑えられたはずだ。

それでも、保険料を払ってこなかったのは――健康保険料でさえ払ってないのだから、当然のごとく国民年金保険料も払っていなかった――「『役所』という場所とそこで働いている連中が心底嫌いだったから」だと齋藤さんは言う。

「ほら、俺って元駒場寮生だから。お上の言うことや、連中がつくったシステムには基本的に従いたくないんだよね」

自分のための最低限の保険の手続きもしたくないほどとは……その「役所ぎらい」は筋金入りだ。

結局、苦痛に耐えかねた齋藤さんは全額自己負担で整形外科を受診した。診断の結果は頸椎椎間板《けいついついかんばん》ヘルニア。体質によるところも大きいだろうが、一日中安物の椅子に座って漫画を描く生活を続けていたのがよくなかったということらしい。

たしかに、物書きをなりわいにしていると首や腰を痛めやすい。出版業界では慢性的な腰痛持ちの人を多く見かけるし、僕自身も、脊柱管《せきちゅうかん》の狭窄《きょうさく》からくる腰痛で、一時期、病院でけん引や電気治療のリハビリを受けていた。

齋藤さんも病院から定期的な通院をしてリハビリを受けるよう勧められた。しかし、ろくに貯金もつくれない極貧の漫画家生活を送っていた彼は、未加入期間の保険料が払えなかったという。健康保険に3年以上加入していない人が加入手続きをする際には、時効分を除いた2年間をさかのぼって保険料を支払わなくてはいけないのだ。

全額自己負担ではそう頻繁には通院できない。そんな調子では治る病気もなかなか治らないが、齋藤さんはそんな窮状にあってでも社会のセーフティーネットを使うことは考えなかった。役所に頭を下げるのが嫌だったからだ。また、役所から実家に連絡が行くことで親を失望させたくもなかったという。

「うちは両親とも高卒だから、息子が天下の東京大学に入ったときは誇らしかったはずなんだよ。そんな息子が福祉の世話になると知れば、めちゃくちゃ気落ちして親まで病気になるかもしれないと思ったんだよね」

目立ちすぎても困るから――逆学歴詐称

最優先事項は病気を治すこと。そのためには、国民健康保険に加入して3割負担で通院できるようにならなくてはいけない。

ところが、未払い分の保険料を稼ぐために新しく漫画を描こうにも、その制作期間は数カ月から半年。印税として口座に現金が振り込まれるのは、そのさらに数カ月から半年後だ。

頸椎椎間板ヘルニアからくる首の痛みと腕の痺れはいよいよ悪化し、作画に集中することも難しくなってきたため、齋藤さんは漫画家を休業することにした。

「インターネットでいろいろと調べてみたら、就職して勤務先で健康保険に加入すれば、未払いだった過去の保険料を納付しなくてもいいと分かった。だから、就職することにしたんだ。

駅に置いてある求人情報誌で、社会保険の適用があって、俺みたいにアラフォーにしてまともな職歴がなくても雇ってくれそうな仕事を探したよ。そうやって見つけたのが、派遣の警備員だったんだよね」

面接にあたり齋藤さんは生まれてはじめて履歴書を書いた。特筆すべきは、そこで学歴を「高卒」と偽ったことだ。

「高卒でプータローをやっていたというやつよりも、東大まで出ているのにまともな仕事をしてこなかったやつの方が絶対にヤバいでしょ。頭はよくても社会性に致命的な問題があると思われるよね。まぁ、俺は実際そうなんだけどさ。

職場で東大卒ということでいじられるのも嫌だったし、漫画家をやっていたということで作品を読まれて批評されるのも嫌だったから、高校を卒業して以降の経歴は履歴書に一切書かなかった。

正直に言えば、東大まで出ていて働き盛りに警備員の仕事に応募していることに対する羞恥心《しゅうちしん》もあったかな」

警備員の業務は特殊なスキルを必要としない単純作業が多い。その給与水準の低さから警備業界は慢性的な人手不足で、犯罪歴や破産歴があったり、精神障害や薬物中毒だったりしなければ、たいていの人間は雇ってもらえるのだと齋藤さんは言った。

「地元の高校を卒業後、10年以上ぶらぶらして現在に至る」と経歴を偽った齋藤さんだが、採用面接ではその経歴に対して質問はなかったという。厚生労働省の賃金構造基本統計調査によれば、警備員の平均年齢は約50歳。当時30代後半の齋藤さんは、若いというだけで採用に大きなアドバンテージがあった。

学歴を意図的に偽ることは「学歴詐称」とされる。政治家や芸能人が、実際には卒業してない大学を「卒業した」とか「修了して学位を取得した」などと偽り、後にそれが露見して仕事を失ったり社会的制裁を受けたりしたなどというニュースをあなたも時々耳にするだろう。

経歴が重視される実用書の著者のなかにもプロフィール欄で学歴を偽っている人は意外といる。僕はこれまでに書籍ライターとしてずいぶんとそういう人に遭遇してきた（学歴詐称をするような人は、立派な学歴のわりに原著論文の実績がほとんどない）。

通常、学歴詐称をするものは、事実の学歴よりも高学歴に見せようとするものだ。ところが、齋藤さんの場合、実際は東大を卒業しているのに高卒と偽ったということになる。これでは「逆学歴詐称」だ。

「高卒を対象とした公務員の職種に大卒者が潜り込んで、後でバレてクビになったというニュースは聞いたことがあるよ。俺が採用面接で学歴を詐称したことは、そりゃあいいことじゃないんだろうけど、警備会社の募集要項に学歴について言及はされていなかったからね。だったら、下手に勘ぐられるような東大卒の学歴なんてものは知られない方がいいじゃない。

当時は病気を治すために、とにかく健康保険に加入しなくちゃいけなかったからさ。まぁ、履歴書に高校卒業以降のことをあえて書かなかったというだけで、駒場寮に入ってからこちら、ぶらぶらしていたと言えなくもないよね」

なんとしても警備員への就職を成功させたかった齋藤さんにとって、東大卒の肩書は邪魔でしかなかったということだ。

年収230万円で大満足

無事に警備員になれた齋藤さんは国民健康保険に加入。医療費が3割負担になり、ようやく病院でリハビリを受けられるようになった。その後、真面目に通院したおかげか半年ほどで頸椎椎間板ヘルニアの諸症状は寛解したという。

そして、齋藤さんは今も派遣の施設警備員を続けている。勤続年数は6年を超えた。

「警備員にもいろいろと種類があるんだけど、俺の仕事は駅地下街に常駐する施設警備員だね。1号警備といって、施設全体の監視と戸締まり、店舗の鍵の管理なんかをやっている。仕事の内容は単調なルーティン・ワークでまったく頭を使わないから、就職して半月もすれば慣れたよ」

警備員の業務は、主に施設の監視や巡回をする「1号業務（施設警備）」、工事現場やイベント会場などで車両や通行人を安全に誘導する「2号業務（交通誘導・雑踏警備）」、依頼人に代わって貴重品を輸送運搬する「3号業務（運搬警備）」、要人の身の安全を守る「4

号業務（身辺警護）」という4種類に分けられる。

1号警備は基本的に対象の場所を1人で監視する。屋内作業で動きも少ないが、長時間の常駐を強いられる仕事でもある。

齋藤さんのメインの仕事も「朝の8時から翌朝8時までの当直勤務」だ。途中で1時間の休憩が3回、午後11時から午前4時まで5時間の仮眠がとれる。そんな当直勤務を3日に1回、月にだいたい10日。それとは別に不規則で日中の勤務が入る。

24時間の勤務は肉体的な負担が大きくてつらくはないのか。5時間の仮眠がとれるといっても、仮眠はあくまで仮眠だ。1週間を通せば睡眠時間は不規則で、体内時計にいい影響は与えないはずだ。

「たしかに、体内時計はぶっ壊れるよ。ただ俺の場合、家でずっと漫画を描いていて体内時計は元から壊れていたから、それほどキツくはなかったね。

施設警備員の仕事って、慣れてしまえばまったくエネルギーを使わずにこなせるんだよ。24時間勤務といっても肉体的には楽なんだ。休息時間もきっちり守られるから、だいたい2回の勤務で図書館から借りてきた文庫が1冊読める。

あと、少人数で回しているから、仕事場で人とあまり会わなくていい。これが、コミュ障の俺にはありがたいね」

「それで、給料はいくらもらえるんですか？」

　楽な業務は相応に給料が安いのではないか。

「今の年収は２３０万円。社会保険料や税金が引かれて、手取りは１８０万円くらいだね」

　国税庁の発表によれば、40代前半の日本人男性の平均年収が５６９万円（平成29年分民間給料実態統計調査）だ。齋藤さんの年収はその半分以下ということになる。40代前半の東大卒の平均年収とは比べるまでもないだろう。

　最低賃金とほとんど変わらない給与水準だが、専業で漫画家をやっていたころよりも精神的にはずっと楽なのだと齋藤さんは言う。

「何カ月も血ヘドを吐きながら描いた漫画で、納品してから半年後に20万円しか振り込まれなかったということを経験しているからね。

　職場に行ってルーティン・ワークをこなして帰ってくるだけで、毎月確実に人間一人が生きていけるだけの金を振り込んでくれる警備員の仕事は本当にありがたいよ。病院にも行けるようになったしね」

　今の仕事における齋藤さんの唯一の苦労は、職場で目立たないようにすることだという。

世間的にブラックとされている仕事なだけあって、「警備の現場にはそれなりにポンコツな人間が集まっている」らしい。そんななかで、やはり東大卒の頭脳は突出しており、事あるごとにその頭のよさが目立ってしまうのだそうだ。

例えば、「自衛消防技術」という施設警備員が持っておくべき資格の認定試験を受験したときのこと。簡単な筆記と実技の試験だったが、一緒に受験した職場の同僚の半分ほどは不合格になったという。

「そんな試験を、入社したばかりで経験も浅い俺がストレートで受かったものだから、上司から『齋藤くん、君、優秀な人でしょ』って言われてさ。高卒だと偽って入ってきているから、バレたらどうなることかとヒヤヒヤしたよ」

駅地下街の勤務者を対象に、働くうえでの業務知識、フロア情報、近隣施設の情報などを100問のテスト形式で問うインナープロモーションが行われたときの話は傑作だ。

駅地下街全体で数百人、齋藤さんの職場からも10人ほどが受験させられたその試験中に、齋藤さんは自分が満点をとってしまったことを確信したという。

「満点をとるとみんなの前で表彰されると聞いていたから、わざと3問を誤答して97点にしておいたんだ。

自衛消防技術試験のときの反省を生かしたつもりだったけど、それでも職場ではダントツのトップでさ。やっぱり同僚がざわついて焦ったね」

苦労の内容が世間一般とはズレているようにも思うが、東大卒の学歴がバレないように本人は必死なのだろう。別にバレたっていいとは思うけれど……。

「漫画を描いていたころは、朝から晩まで生活費のことで頭がいっぱいだったんだけど、警備員の仕事をはじめてからはその手の悩みがまったくないんだよ。万が一にも失業したくはないから、慎重に立ち回らないと。

それにしても、駒場寮時代にバリケードを挟んでにらみあっていた警備員に自分がなったと思うと、なんだか面白いよね」

本とネコだけあればいい

齋藤さんは東大を卒業してからずっと、年収１５０～２３０万円ほどで生活してきたことになる。独身とはいえ、都内に住んでいてそれだけの収入でやり繰りするのは至難の業だ。

不便はないのか。もっと稼ごうとは思わないのだろうか。たとえば、警備の仕事をするにしても、きちんと学歴を打ち明けて能力を認めてもらい、より給料の高いポジションに就こうとは思わないのだろうか。

「俺って金をまったく使わない人間なんだよ。だから、今の給料に不満はないね。

毎月の固定費で一番高いのは家賃かな。本郷で住んでいた家賃2万8000円のアパートが取り壊されて板橋区に引っ越したんだけど、今の家の家賃が5万円。水道光熱費が月8000円くらい。インターネットの固定回線はひいてなくて、スマホの料金が月2000円だね。

食事は自炊しかしないから、月の食費は8000円くらい。職場にも弁当を2食分つくって持って行くよ。外食は付き合いで数年に1回行くかどうかで、このファミレスで今から飯を食うなら、ほぼ1年ぶりになるかな。漫画家をやっていたころは時々編集者におごってもらうことがあったんだけどね。

自炊に関しては駒場寮時代に読んだ『ひと月9000円の快適食生活』(魚柄仁之助、飛鳥新社)という本がすごく参考になった。あれは俺のバイブルだね。君も読んでおくといいよ。

意外とかかっているのが病院代だと思う。ヘルニアは完治してなくて、今もときどき首がひどく痛むし、なぜか十二指腸潰瘍《じゅうにしちょうかいよう》が繰り返し起こるんだよ。生活にストレスはないはずなんだけどね。最近は目の調子も悪い」

齋藤さんは、余暇にもお金を使わない。趣味といえば読書くらいのもので、その本だって近所の図書館でタダで借りてくるのだ。

「東京は図書館が多くて、タダでいくらでも本が借りられるのがありがたいよね。古典の名作といわれるものだけでも、俺が一生かけても読み切れないほどあるし、読書はいい趣味だと思っているよ」

唯一、趣味的にお金を使っているのがネコだという。毎月給料が振り込まれるようになって生活に余裕ができ、家でネコを飼いはじめたそうだ。「ほら、こいつ」と差し出されたスマホの待ち受け画面にいたのは、まん丸な目が愛らしい黒ネコだった。

「2年前に近所の路地裏で生まれたばかりの子猫を見つけてさ。そのままにしておくとカラスに食い殺されると思って家に連れ帰ったんだ。

子どものころ実家ではニワトリ子屋でネコを何匹も飼っていたし、駒場寮に住んでいたころにもキャンパス内の野良ネコに餌をやったりしていたから、飼い方の要領はわかっているんだよね。

ネコっていいもんだよ。イヌとちがって散歩の必要はないし、家を24時間空けていても、餌と水を用意しておけば自分で適当にやっていてくれる。普段はそっぽを向いているけど、たまにじゃれてくるのがかわいいよね」

ネコにはちゃんとしたものを食べさせてあげたいという思いから、齋藤さんは休日を使って物書きの仕事も再開した。さすがに以前のように丸一冊の漫画を描き下ろすことはないが、付き合いのある編集者から依頼されて本の挿絵や雑誌のカットを描き、それが月に数万円の副収入となっている。ネコの餌代や医療費、トイレ用品代はその原稿料から捻《ねん》出《しゅつ》している。

「東大を出て、結局、俺は警備員になっちゃったけれど、東大の専門課程で学んだことは俺のなかでまだ生きているんだよね。調べ物をする技術も、それを描く技術もある。

例えば、今のデジタルネーティブ世代で『一次資料の重要性』を認識しているイラストレーターって少ないよね。一目見れば分かるんだけど、若いやつらはインターネットで検索した画像や人が撮った写真を見ながら絵を描いているじゃない。

それじゃあダメなんだよ。俺は手間がかかっても、実物を自分の目でよく観察しながら描くようにしている。その方がよっぽどいい絵が描ける。そうやっていい絵が描けたときは、すごくうれしいよ」

生活のために描かないといけない絵はつらかったが、最低限の生活が保障されたうえでの創作活動なら、純粋に楽しめる。

「たとえ手取りが１００万円台でも、今の自分の生活は本とネコで満たされている」そう語る齋藤さんの表情をみるにつけても、おそらくそれは本音なのだった。

最期は川に流れたい

宮崎の田舎で農業を営んでいるご両親は、息子が生きているだけでも「よし」としている節があるそうだ。

「俺は地位も名誉も金もとっくに諦めているよ。結婚して子どもをつくるとか、たまに小遣いをあげるといった人並みの親孝行も、申し訳ないけどもう無理だと思ってる。親もそのあたりは薄々気がついているだろうよ」

齋藤さんの目下の悩みは自身の健康だ。

頸椎椎間板ヘルニアは小康状態、十二指腸潰瘍は頻繁に再発し、ここ最近はものが見えにくく緑内障の気があるという。昼夜を問わず机にかじりついて漫画を描いてきたことや警備員として不規則な生活を送っていることの影響か、40代に入って体に一気にガタがきたそうだ。

「今は、せめて親よりも長く生きることだけが目標だね」と齋藤さんは言ったが、その直後に語った話は気がかりだった。

「仕事の前の日なんかはきちんと寝ておかなきゃいけないじゃない。それで、実は、寝るためにウイスキーを飲んでいるんだけど……この寝酒がなんだかやめられないんだよね。アル中なんだと思う」

そういうことを続けていて身を滅ぼした人間を、僕は直接・間接的に何人か知っていた。例えば、毎晩のガールズバー通いが習慣化していた後輩は、後にアルコール依存症と診断された。MRI検査では30代にしてアルコールによって脳が萎縮していたらしい。誘われて何度か飲みに付き合ったことがあるが、「テキーラをショットで10杯」などというむちゃな飲み方をしていたのが印象に残っている。

彼とは時々、SNSでやり取りをする仲だったが、数年前から音信不通になっている。

学科の仲間たちも誰一人としてその行方を知らない。より一般的な例として、同じようにアルコールに依存してしまった作家の中島《なかじま》らもや勝谷誠彦《かつやまさひこ》（ちなみに両氏とも国内有数の進学校である灘高校の出身だ）が晩年どうなったかは、あなたもご存じだろう。

「酒は本当に気を付けた方がいいですよ」

医者でもない僕が出しゃばることではないかもしれないが、思わずそう言って、重症化する前にアルコール依存症の専門外来に相談に行くことを勧めた。しかし、齋藤さんは「整形外科に内科に眼科に……ここにもう一つ病院が増えちゃうのかねぇ」とどこかひと事だ。

インタビューの終盤、齋藤さんはこんなことを口にした。

「親が死んで、飼っているネコも死んだら、俺に心残りはないし、川に流れてもいいかなと考えているんだよ。

上等なウイスキーをあおってさ。夏目漱石《なつめそうせき》の『吾輩《わがはい》は猫である』のラストみたいに、グニャグニャに酔っ払ったまま水にはまって、それで終わりでいいんじゃないかな」

齋藤さんのことは「貧しくともストレスのない生き方を選んだ東大卒業生」というふうにまとめられそうだったのに、こんなことを聞いてしまったら台無しだ。

「今からちょっと楽しみにしているんだよね」

どこまで本気なのか分からないが、そんな不穏なことを言って、齋藤さんはうっとりとした目で遠くを眺めていた。

おわりに　東大の卒業生はどう生きれば生きやすいか

東大卒の学歴はある種の認定証のようなものだ。「東大入試に合格して、東大で学んで、卒業しましたよ」という証し。しかし、それ自体にあまり意味はないし、実は社会に出てからの使いどころもない。

実用性といえば、せいぜい「東大図書館に面倒な手続きなしに出入りできる」くらいのものだ。その程度のものに精神を縛られ、不幸になっている東大卒業生のなんと多いことだろう。

東大を出た人は、どうすれば幸せになるのか。多くの卒業生にインタビューを重ねるなかで見えてきたのは、以下の3点である。

・東大を出たことを忘れる

東大に入るために犠牲にしたものが大きい人ほど、その見返りを求めるものだ。払った犠牲に対して十分な見返りが得られていないと思ったとき、すなわち、東大に入ったことが自らの幸福に結びついていないと思うとき、唯一の成果物である「東大卒」という学歴への執着はより強くなる。

しかし、たかが東大に入るために大きな犠牲を払わなければならなかった人というのは、およそ凡人なのだ。凡人が東大という環境で学べたことなど知れている。

東大でたいして学んでもいないのに、社会に出た後も東大卒という学歴にとらわれ続けることは無駄でしかない。そのプライドは精神的な枷《かせ》となり、自らの可能性をジワジワと殺していくだろう。

まわりの目は仕方がない。東大卒の学歴はいつだって周囲の人に注目される。しかし、東大卒であることに自分からしがみつかないことだ。

過去のことは忘れよう。今いる環境で前だけを見て努力する方が、未来での幸せを手に入れやすい。

・環境が合わなければ速やかに脱出する

霞が関、東証一部上場企業、外資系コンサルタント会社、研究職……東大からの延長で就職をすれば、この類いの「高性能マシンが激走するサーキット」に入り込んでしまう可能性が高い。もちろん、血で血を洗うような職場でも生き残っていける能力のある人は、そこで精いっぱいのことをやればいい。

しかし、人には向き不向きがある。「適材適所」という言葉があるように、どんな才能を持っていても、それが発揮できるかどうかは環境次第だ。羽生結弦がいくら天才的なフィギュアスケート選手であっても、彼に「ラグビーの試合に出て点をとってこい」と言うのはむちゃな話だろう。

そういえば、アカデミアでは非常に優秀だったが、政治の世界では無能とされて1年足らずで首相を辞めざるを得なかった「先輩」もいたっけか。鳩山由紀夫《はとやまゆきお》さんというのだけれど……。

今いる場所に不都合を感じたなら、そこから脱出して別の場所に移動しよう。脱出はなるべく速やかに行った方がいい。

あまりにも長期にわたってストレスにさらされた動物や人は、その環境から脱出するための努力ができなくなるという。

その力があるのにサーカスから逃げないゾウや、もう少し東大関係者に身近なところでいえば、2016年に発覚して世間で大きな話題となった「東大文学部を卒業して電通に入社した女性社員が過労自殺をした事件」などは、その象徴的なものだろう。

「学習性無力感」と呼ばれるその現象によって、死ぬくらいなら会社を辞めればよいだけのことができなくなるのである。

東大卒には真面目で、努力家で、責任感の強い人が多い。

そういう人は自分の特性とは合わない環境に気づいていながらも往々にして頑張りすぎて、手遅れになってしまう。

ご家族の許可を得られなかったので具体的なことは書けないが、僕には電通で過労自殺した彼女と同じような境遇に陥り、自ら命を絶った後輩がいる。これを読んでいる東大関係者のまわりにも、そういう人はいるだろう。

多くの野生動物は、自らの生息環境が悪化すればちゅうちょなく移動する。本来は人だってそうなのだ。20万年前に東アフリカに現れた僕らの祖先（ホモ・サピエンス）たちは、おそらく食料不足にあえいで約5万年前にアフリカを脱出した。

行き先のあてなどまったくなかっただろうが、結果としてアフリカを出た祖先たちはユーラシア大陸全域に広がり、ベーリング海峡を越えて北アメリカに渡り、南北アメリカを縦断して、アルゼンチンの南端にまで到達した。もちろんその道程は安全なものではなかったはずだが、それでも生き残ってホモ・サピエンスの系譜をつなぎ、今日までの繁栄を築いたのだ。

環境を変えることにリスクはつきものだ。未知の世界に飛び出すことは勇気がいるし、エネルギーもいる。

だからこそ、気力とエネルギーがあるうちに移動しよう。

キャリアパスが途切れてもいいではないか。東大に入るだけの能力があれば、今の仕事を辞めてもなんとかなる。

・自分と他者とを比べない

今の時代、フェイスブックを数分も眺めていれば、自分以外の人の成果と評価が怒濤《どとう》のように流れ込んでくる。

とりわけ東大関係のコミュニティーに所属していると、やはりそれなりに優秀な人が多いからだろう、自己実現と社会貢献を両立させる同窓生たちの情報に数多く接することになる。彼らが、自分よりもどんなに「幸せ」な人生を歩んでいるように見えることか。

しかし、他者との比較で自分の人生を評価することは健全ではないし、その差を埋めたいというモチベーションを推進剤にして自分の人生を歩むべきではない。嫉妬や憤りでエネルギーを浪費する必要もない。

幸せを求めすぎることは、幸せでない苦しみを生んでしまう。そもそも、表面的に見えている他人の幸せは、自分にとっての幸せと同じものなのだろうか。

そうではないだろう。

他人の成功や評価にどのような背景があったか、本当のところは分からない。その人の能力が環境にうまくハマっただけかもしれないし、大きな犠牲を払って得たものかもしれない。たまたま運がよかっただけなのかもしれない。外に向けて見栄を張っているだけかもしれない。

幸せの判断基準が自分のなかにあれば、他者との優劣で自分を評価するようなことはなくなる。自分と他者とを比較するのでなく、過去の自分と現在の自分とを比較して、目標の達成状況や自らの成長について振り返る方がよっぽど有益だ。

東大受験やその後の進振りは他人との競い合いだったから、東大卒の人はどうしてもその感覚で他人と自分とを比べてしまいがちになるが、これを意識して止めよう。他者に集中せず、自分だけに集中しよう。

これを月並みな言葉で言えば、「自分らしく生きる」ということになる。決して、「東大卒らしく生きよう」としてはいけない。


多分に個人的な解釈が入っているし、偏りもしているだろう。それでも、東大を卒業して、今、生きづらさを感じているような人が、いくらかでも気分が楽になることがあればと願いながら、ここまで筆を進めてきた。本書が少しでも読者の役に立ったなら、これほどうれしいことはない。

東大卒業生のあなたが、現役東大生のあなたが、これから東大に入ろうと考えているあなたが、人生を幸せにすごせますように。


本書の執筆にあたっては、多くの方々に大変お世話になりました。

インタビューのお願いに快く応じてくださり、僕のぶしつけな質問にも素直に答えてくださった東大卒業生のみなさんに、心からのお礼を申し上げます。貴重な声を聞かせていただき、ありがとうございました。

飛鳥新社の矢島和郎《やじまかずろう》編集長にも深く感謝いたします。なかなか筆が進まない僕を根気強く支えてくださいました。東大関係者にしかわからない用語やくどい表現にまみれた僕の文章が、多少なりとも読者にとって読みやすいものになっているとすれば、それはひとえに矢島さんの的確なアドバイスによるものです。


そして最後に。

本書は、飛鳥新社の土井尚道《どいなおみち》社長がいなければ生まれないものでした。版元の編集者からフリーランスの書籍ライターになった僕が、あるとき土井社長に「人の本の代筆もいいけど、あなたは自分の本を書かないといけないんじゃないの？」と問われたときから、本書ははじまりました。

原稿執筆の過程では僕自身のルサンチマンやコンプレックスとも向き合わねばならず苦心しましたが、土井社長の「完成が楽しみだね」という言葉に背中を押されてコツコツと原稿は進んでいきました。

ところが、原稿が半分ほどまで進んだ２０２０年3月20日に土井社長は急逝されました。亡くなる数カ月前にお会いした際はそれまでと変わらずとてもお元気でしたので、突然の訃報に接してただ絶句するしかありませんでした。
土井社長に本書を読んでいただけなかったことが、心の底から無念でなりません。
土井さん、本当にありがとうございました。

２０２０年8月　池田　渓

＊本書に登場する人物の名前は、プライバシー保護のため仮名にしてある。また、本人の希望で年齢や所属など一部の情報について実際のものと変更した部分もある。

主な参考文献・ウェブサイト

『2020年版　大学入試シリーズ　042　東京大学　文科』（教学社編集部・編集、教学社）2019年
『2020年版　大学入試シリーズ　043　東京大学　理科』（教学社編集部・編集、教学社）2019年
『慶應三田会——学閥の王者【完全収録版】』（週刊ダイヤモンド編集部・編集、ダイヤモンド社）2018年
『東大生はなぜ「一応、東大です」と言うのか？』（新保信長、アスペクト）2006年
『東大卒でスミマセン　「学歴ありすぎコンプレックス」という病』（中本千晶、中央公論新社）2012年
『東大〈2016〉CHANGE東大』（東京大学新聞社・編集、東京大学新聞社）2015年

「『家族と安定がほしい』心を病み、女性研究者は力尽きた」（朝日新聞デジタル）2019年4月10日
「『官僚ブラック労働』は置き去り　森裕子氏の質問通告問題」（産経ニュース）2019年10月25日
「経産省キャリア官僚が麻薬を密輸　月300時間の残業が壊したエリートの理性」（阿曽山大噴火、BLOGOS）2019年7月29日
「東京大学新聞 第2891号」（東京大学新聞社）2019年7月2日
「東大生から見放された朝日新聞　今春『入社ゼロ』に幹部ら衝撃」（J-CASTニュース）2014年04月18日

「学校基本調査」文部科学省
「学生生活実態調査」東京大学　https://www.u-tokyo.ac.jp/ja/students/edu-data/h05.html
「出身大学別年収ランキング」オープンワーク株式会社　https://www.vorkers.com/hatarakigai/vol_61
「精神及び行動の障害による長期病休者数調査」人事院
「東京大学ホームページ」東京大学　https://www.u-tokyo.ac.jp/ja/index.html
「東大塾」河合塾　https://todai.kawai-juku.ac.jp/
「賃金構造基本統計調査」厚生労働省

【著者プロフィール】
池田 渓（いけだ・けい）
1982年兵庫県生まれ。東京大学農学部卒業後、同大学院農学生命科学研究科修士課程修了、同博士課程中退。出版社勤務を経て、2014年よりフリーランスの書籍ライター。共同事務所「スタジオ大四畳半」在籍。

東大なんか入らなきゃよかった
誰も教えてくれなかった不都合な話

2020年 9月26日　第1刷発行
2020年10月31日　第2刷発行

著　者　　池田 渓

発行者　　大山邦興
発行所　　株式会社 飛鳥新社
〒101-0003
東京都千代田区一ツ橋2-4-3　光文恒産ビル
電話（営業）03-3263-7770（編集）03-3263-7773
http://www.asukashinsha.co.jp
カバーイラスト　北澤平祐
装　丁　　五味朋代（フレーズ）

印刷・製本　中央精版印刷株式会社

ISBN 978-4-86410-784-6

編集担当　　矢島和郎